Vocabulary Skills: A Tool for Life

できる大人は
＼やっぱり！／
語彙力

決定版

話題の達人倶楽部［編］

JN133647

青春出版社

言葉を大事にするだけで、人生は大きく変わりはじめる！

「小人数」――あなたは、この言葉をどう読むでしょうか？

「しょうにんずう」と読むのは間違いで、正しくは「こにんずう」。「しょうにんずう」と読むのは「少人数」のほうです。

もう一つ。あなたは「あくどい」という言葉をどう書くでしょうか？

「悪どい」と書くのは間違いです。この言葉は「灰汁のくどさ」を語源とする「悪」とは関係のない言葉。実際、あなたの使うワープロソフトでも、「あくどい」と打って「悪どい」とは変換されないはずです。ひらがなで「あくどい」と書くのが正解です。

というように、身近な言葉にも危険なポイントが潜んでいるのが、日本語の怖いところ。「一段落」は「ひとだんらく」ではありませんし、「あり得る」を「ありえる」と読むのは間違い。「たたずむ」を「立たずむ」、「あてがう」を「当てがう」と書くのも誤りです。なぜ、間違いかは、後ほど本文でご紹介しましょう。

さて、私たちは編集者や校正者の集まりで、現在では一応のところ、日本語のプロとして生計を立てていますが、過去には〝日本語の落とし穴〟にいやというほど、はまってきました。「やおら」を「急に」という意味に使ったり、「単3形」を「単3型」と書いて先達にアカを入れられながら、一語ずつ正しい使い方を〝体〟で覚えてきたのです。この本に集めた言葉の多くは、私たちがそのようにして〝実戦〟のなかから拾い集めてきた間違いやすい言葉ぞろいです。

とりわけ、本書では、前半のStep1からStep3にかけて、「間違いやすい言葉」を多数紹介しました。〝大人の語彙力〟と呼べる力を身につけるには、まずは言葉を正しく使う必要があると思うからです。

それらの章で、私たちが、○×判定の第一の基本としたのは、日本政府が示している3つの指針。「常用漢字表」「現代仮名遣い」「送り仮名の付け方」という3つの内閣告示です。これらは、〝正しい日本語〟を強制するものではありませんが、官公庁、マスコミ、教育現場は、おおむねこれらのガイドラインに従っています。

　本書では、これらの指針に基づいて、新聞やテレビがその言葉をどのように使っているか、あるいは辞書がどのように扱っているかなどを総合的に考慮し、○×の判定を行いました。

　加えて、本書では、Step4以下で、できる大人なら知っておきたい「大人の日本語」を紹介しました。「交渉・会議で使えるようにしたい慣用句」、「相手を持ち上げるときに使える四字熟語」「ビジネスパーソンなら意味をおさえておきたいカタカナ語」等々です。

　というわけで、本書はいわば、できる大人になるための〝日本語のセレクトショップ〟。好評を博した「大人の語彙力」シリーズのエッセンスを一冊にまとめ、できるかぎりの情報を詰め込んだ本書で、あなたの語彙力に、さらに磨きをかけていただければ、幸いに思います。

二〇一八年十二月
話題の達人倶楽部

できる大人はやっぱり！語彙力［決定版］◉目次

カバー写真■Olga Rutko/shutterstock.com
■DTP　フジマックオフィス

Step1

「読み間違い」を防ぐのが語彙力の基本です

この章には、簡単な漢字を使っているのに、読み間違いやすい言葉を集めました。次の言葉、正しく読めますか？

（答えは、この章のどこかにあります）

・大事になる（「だいじになる」ではありません）
・寂として（「じゃくとして」ではありません）
・灰白色（「はいはくしょく」ではありません）
・戸口調査（「とぐちちょうさ」ではありません）
・顔色を失う（「かおいろをうしなう」ではありません）

1

中途半端に言葉を覚えると、かえって失敗する

◉誰もがやってしまう「読み間違い」のワナ

□気忙しい

×きいそがしい→○きぜわしい

せかせかして落ちつかないさま。「忙しい」は普通「いそがしい」と読むが、「せわしい」とも読み、「気」とセットになったときは「きぜわしい」と読む。

□敬意《けいい》を表す

×あらわす→○ひょうす

「表」を使った「あらわす」は、1959年の内閣告示で、「表わす」と送り仮名をつけることにいったん決まった。ところが、1973年、本則が「表す」、許容「表わす」に変更された。そういう経緯からの混乱もあって、「敬意を表《ひょう》す」を「あらわす」と読む人が増えることになった。

□**大事になる**

大きなトラブル、問題に発展すること。同じ意味の「大事に至る」は「だいじ」と読む。

×だいじ→○おおごと

□**嘘《うそ》を吐く**

「吐く」は通常は「はく」と読むが、「嘘」「悪態」「溜息」の三語の後ろについたときは「つく」と読む。

×はく→○つく

□**手紙《てがみ》を認める**

「認める」は、同じ形で「みとめる」とも「したためる」とも読む。多くは「みとめる」と読むが、文書に関係するときは「したためる」（書くという意味）と読むケースがあるので注意。

×みとめる→○したためる

□**あり得る**

「得る」は、現代語では「える」と読むのが一般的。ただし、「あり得る」だけは、

×ありえる→○ありうる

「ありうる」が伝統的な読み方とされ、放送局でもこちらを採用している。ただし、否定形は「ありえない」で「え」が正解になる。

□ **(声を) 荒らげる**　△あらげる→○あららげる

「あらげる」と言う人が少なくないのは、ラ音が連続していて読みにくいためだろう。

◉気をつけないとはまってしまう「読み間違い」のワナ

□ **ごった返す**　×ごったかえす→○ごったがえす

大混雑するさま。濁って読むのがお約束。なお、「返す返す」は「かえすがえす」と二つめを濁って読む。

□ **気取られる**　×きどられる→○けどられる

感づかれること。「もったいぶる」という意味の「気取《きど》る」につられて、「きどられる」と誤読しないように。

□腹鼓を打つ　×はらづつみ→○はらつづみ

「舌鼓」は「したづつみ」ではなく、「したつづみ」が正しいことは、多くの本で紹介されたことで、かなり知られてきている。「腹鼓」も同様で、「はらつづみ」と読むのが正しい。

□顔色を失う　×かおいろ→○がんしょく

恐怖や驚きのため、顔が青ざめるという意味。なお、「顔色なし」は「がんしょく」、「顔色をうかがう」と「顔色をかえる」は「かおいろ」と読む。

□事《こと》志《こころざし》と違う　×ちがう→○たがう

「違う」は「ちがう」とも「たがう」とも読む。現代では「ちがう」と読むことが圧倒的に多いが、例外も残っている。「事志と違う」（物事が志したようには進まないこと）という成句では「たがう」と読むし、「仲違い」は「なかちがい」ではなく、

「なかたがい」と読む。

□（珍事が）出来する　×しゅつらい→○しゅったい

事件などが起きる、あるいはできあがるという意味。出版業界では、増刷本ができあがることを「重版出来《しゅったい》」という。新人編集者は、これを一度は「重版でき」と読んでからかわれるのが、業界の〝あるある〟。

◉うっかりするとつまずく日本語

□技神に入る　×わざ、しんにいる→○ぎ、しんにいる

技量が神の域にまで達していること。神に入るを「しんにはいる」と読むのも×。

□手《て》を汚す　×けがす→○よごす

「汚す」は「けがす」とも「よごす」とも読み、文脈に応じて読み分けるしかない。慣用句では「よごす」と読むことが多く、「顔を汚す」も「面汚し」も「よごす」

と読む。

□骨《ほね》を埋める　×うめる→○うずめる

「埋める」は「うめる」とも「うずめる」とも読むが、この成句の場合は「うずめる」が正解。その場にとどまり、一生を終えるという意味。

□分に過《す》ぎる　×ぶ→○ぶん

成句に登場する「分」は、「ぶ」「ぶん」の読み分けが厄介。「分をわきまえる」「分を守る」は「ぶん」。「分がある」は「ぶ」。

□殿に控《ひか》える　×との→○しんがり

「殿《しんがり》」は、いちばん後ろという意味。しんがりは「後駆《しりが》り」が音変化した言葉で、もとは最後尾で敵を防ぐ部隊を意味した言葉。

◉意外とみんながつまずく日本語

□古から
×ふるくから↓○いにしえから

「古」一字の訓読みは、「いにしえ」。勝手に「く」や「い」といった送り仮名の書き落としと解釈して誤読しないように。

□新手の
×しんしゅ↓○あらて、しんて

新しい手段という意味。「新手《あらて》の詐欺商法」「将棋の新手《しんて》」などと読み分けるが、「しんしゅ」とは読まない。「しんしゅ」と読むのは「新種」。

□一に
×いちに↓○いつに

「ひとえに」という意味。「一番に」や「第一に」とは意味が違う言葉なので、使い方にも注意。

□ **各々**

×かくかく↓○おのおの

各自、めいめいにという意味。『忠臣蔵』で、大石内蔵之助が浅野家臣一同に呼びかけるときは「各々方《おのおのがた》」。なお、「かくかくしかじか」（具体的内容を省略するときに使う語）という言葉があるが、こちらは漢字では「斯斯然然」と書く。

□ **自ずから**

×みずから↓○おのずから

「みずから」は「自ら」。「自ずから明らかとなる」「読書百遍義自ずからあらわる」などは、「おのずから」と読む。

□ **お騒がせ**

×おさがわせ↓○おさわがせ

「騒がす」は、誰もが「さわがす」と読むのに、「お」がつくだけで、「おさがわせ」と「わ」と「が」が反対になる人が多い言葉。むろん、発音しにくいからで、本人も気づいていないことが多い。テレビ出演者にも、「あの〝おさがわせタレント〟が…」などと言う人がいるもの。

□**黙し難い**　×もくしがたい→○もだしがたい

漢字にかなり詳しい人でも、「黙する」という言葉があるため、誤読しやすい言葉。「もだしがたい」の意味は、単に黙らないことではなく、「無視できない」「放っておくことができない」。

□**寂として**　×じゃくとして→○せきとして

「寂」にはジャクとセキ、二つの音読みがあり、この場合は「せき」。しんとして静かなさま。「寂《せき》として声なし」など。

◉その漢字をそう読んではいけない

□**物《もの》の理**　×り→○ことわり

物の道理。「世の理」「自然の理」「理なし」は「ことわり」、「理の当然」「理にかなう」「理に落ちる」は「り」と読む。

□袂別

×けつべつ→○べいべつ

「決別」や「訣別」と見間違えて、「けつべつ」と読まないように。「袂」には「たもと」という訓読みがあり、「袂別」はたもとを分かつという意味。

□合評

×ごうひょう→○がっぴょう

何人かで作品を批評し合うこと。「小説の合評会」など。

□所番地

×しょばんち→○ところばんち

住所などの地名と番地のこと。「ところばんち」と、湯桶読みのような読み方をする。「ところばんちを言いたまえ」など。

□駅路

×えきじ→○えきろ

意味は、宿駅設備のある道路。つまりは街道のこと。「駅に向かう道」（自宅から最寄り駅へ行く道）という意味ではないので、注意。「えきじ」と読む人が多いのは、「家路」という言葉につられてのことだろう。

□一番（の鳥）　×いちばん↓〇ひとつがい

「番《つがい》」は、鳥のオスとメスなど、一組になるもの。書くときは、読み間違いを避けるため、「一つがい」と書いたほうがいい。

□帳合　×ちょうごう↓〇ちょうあい

帳簿と現金や商品数などを照らし合わせ、合っているかどうかを確かめること。「調合」と混同しないように。

□多言　×たごん↓〇たげん

「たごん」と読むのは「他言」のほうで、「他言は無用」など。「多言」は口数が多いことで、「多言を要しない」などと使う。

□借入金　×しゃくにゅうきん↓〇かりいれきん

「しゃくにゅう」という熟語は、辞書に載っていないことも多いし、ワープロソフトで「借入」と変換されないこともある。「しゃく」と音読するのは「借金」や「借用金」。

◉どうせならきちんと読みたい慣用句

□**板子一枚下《いちまいした》は地獄《じごく》**

×いたこ→○いたご

慣用句としては「いたご」と濁って読む。船の底はたった一枚の板であり、漁師など船に乗る者は命懸けで仕事をしているという意味。

□**命、旦夕《たんせき》に迫《せま》る**

×いのち→○めい

臨終のきわにあること。「命に従う」、「命を革《あらた》む」（天命が変わる、革命の意）も、「めい」と読む。

□**後足で砂《すな》をかける**

×うしろあし→○あとあし

一般的に、「あとあし」は「後足」、「うしろあし」は「後ろ足」と書く。この慣用句は「あとあし」なので、「後足」と書く。

□**山懐に抱かれる**　×さんかい↓○やまふところ

「山懐」は、山に囲まれて懐のようになった場所。さんかいと読むのは「山塊」で、こちらは複数の山が一塊になった状態を表す。

□**勇将《ゆうしょう》の下に弱卒《じゃくそつ》なし**　×した↓○もと

上に立つ者がすぐれていれば、部下もすぐれていることのたとえ。なお、「法の下の平等」、「幸運の星の下」も、「した」ではなく、「もと」と読む。

□**死出の旅《たび》**　×しにで↓○しで

人が死ぬこと。冥土にあるという「死出の山」という山に向かって旅立つという話をもとにした言葉。

2

「読み間違い」があなたの日本語を台無しにする

◉簡単な漢字だからこそ読み間違える

□**的鯛**

×まとだい→○まとうだい

体に「的」のような円状の模様があるので、この名に。それでも「まとう」と読む。

□**小冊子**

×しょうざっし→○しょうさっし

小型の書物、パンフレットのこと。「しょうさっし」と濁らずに読む。「しょうざっし」と読む人がいるのは、「雑誌」につられてのことだろう。

□**灰白色**

×はいはくしょく→○かいはくしょく

白っぽい灰色のこと。「灰」の音読みは「カイ」で、これを使って読む。

□**戸口調査**

×とぐちちょうさ↓○ここうちょうさ

戸数と人口の調査のこと。戸数と人口を略して「ここう」と読む。一方、「とぐち」は建物の入り口のこと。「戸口で応対する」など。

□**毛製品**

×もうせいひん↓○けせいひん

この「毛」は、羊毛のほか、カシミア、アルパカ、アンゴラ、チンチラなどの動物の毛、全般を指している。

□**創業家**

×そうぎょうか↓○そうぎょうけ

企業の創業者の家系。某局の7時のニュースで、女子アナがソウギョウカと読み間違い、謝ることになった言葉。

□**不開の門**

×ふかいのもん↓○あかずのもん

不忍池を「しのばずのいけ」と読むように、漢文の読み下しのように読む言葉がまだ残っている。これは、その一例。なお、近年は「開かずの門」と書くことが増えているが、これを「ひらかずのもん」と読まないように。

◉よく見る漢字だからこそ読み間違える

□星月夜

×せいげつや↓〇ほしづきよ

星の光で、月夜のように明るく感じられる夜。つまり、月夜という言葉を含むものの、月は出ていない夜。ゴッホの絵の邦題にもなっているが、その絵では三日月が出ている。

□菜種油

×なたねゆ↓〇なたねあぶら

「〜油」の読み分けはけっこう面倒。ごま油は「ごまあぶら」、オリーブ油は「オリーブゆ」。サラダ油は「サラダゆ」とも「サラダあぶら」とも読む。ただし、近年は「サラダオイル」という表現が増えている。

□顎関節

×あごかんせつ→○がくかんせつ

顎の左右一対の関節。「顎関節症」を含め、「顎」を音読みにして「がく」と読む。「あご」ではない。

□黙示録

×もくじろく→○もくしろく

新約聖書のうちの一書。「黙示」二文字の場合は「もくじ」と読むが、「黙示録」になると、「もくしろく」と濁らないで読む。

□上下両院《りょういん》

×じょうげ→○じょうか

上《じょう》院《いん》・下院《かいん》両院を略した語なので、「じょう・か」と読む。「上下」を「じょうか」と読むごく珍しいケース。

□日々是好日

×ひびこれこうじつ→○にちにちこれこうじつ

毎日が平和なよい日であること。漢文に由来する語句で、古くから「にちにち」と読まれてきた。ただ近年は「ひび」と読む人が増え、誤読と気づかれることは減っている。

□**北里大学**　×きたざと↓○きたさと

「北里」は、辞書にも「きたさと」と読むとある。北里柴三郎も、もちろん「きたさと」。

◉“和”の雰囲気が漂う言葉

□**濃紫**　×こいむらさき↓○こむらさき

黒みを帯びた濃い紫のことをいう。なお、「小紫《こむらさき》」は同じ読みで、蝶や有名な遊女の名である。

□**下屋敷**　×したやしき↓○しもやしき

江戸時代、大名が江戸にもった屋敷の一つ。下屋敷はいわば別荘で、当時郊外だった地域に建てられた広い庭園つきの屋敷。上《かみ》屋敷は公邸で、江戸城の近くに建てられた。中屋敷《なか》は、その中間的な位置づけで、世継ぎや側室などが住んだプライベート空間。

□**七重の塔**　×ななじゅうのとう→○しちじゅうのとう

「七」は、「しち」と「なな」の読み分けが面倒な漢数字。七回忌は「しちかいき」、人の噂も七十五日は「しちじゅうごにち」、七分咲きは「しちぶざき」と読む。一方、親の七光りは「ななひかり」、七転び八起きは「ななころび」と読む。

□(刀剣)**一口**　×ひとくち→○ひとふり

刀剣を数える場合の数詞は、「口」と書いて「ふり」と読む。「一振」とも書く。

□**前栽**　×ぜんさい→○せんざい

庭に植えた草木のことで、読み間違える人が多い熟語。確かに、素直に読むと「ぜんさい」であり、前菜との混同もあって、そう読んでしまうのだろう。しかし、この「前」は、剪定などに使う「剪」と同様、「切る」という意味。この意味の場合には「せん」と読む。

□四斗樽　×よんとだる→○しとだる

古来、「しとだる」と読む。なお、「鏡開き」というと、現在では四斗樽のふたを木槌で叩いて開けることを意味するが、本来は鏡餅を割ること。そのため、放送局では酒樽に関しては「鏡開き」という言葉は使わず、「四斗樽を開ける」などと言い換えている。

□小正月　×しょうしょうがつ→○こしょうがつ

陰暦の1月15日。どんど焼きなどを行う。

□月光菩薩　×げっこうぼさつ→○がっこうぼさつ

薬師如来《やくしにょらい》の脇侍《きょうじ》の菩薩。「月」は「一月」「二月」などは「がつ」と読むが、熟語で「がつ」と読むケースはひじょうに珍しい。

□**同行二人**　　　　　　　　　×どうこうふたり↓○どうぎょうににん

お遍路の旅は、弘法大師と二人で歩くという意味の言葉。

◉芸能・文芸にまつわる言葉

□**世間《せけん》胸算用**　　　　　　　　×むなざんよう↓○むねさんよう

「胸算用」を心中で見積るという意味で使うときは「むなざんよう」と読む。ただし、井原西鶴の作品名としては「むねさんよう」と読む。

□**三人吉三**　　　　　　　　×さんにんきちざ↓○さんにんきちさ

歌舞伎の外題《げだい》『三人吉三廓初買《くるわのはつがい》』を略した言葉。「きちさ」と濁らず読むのが正しい。

□**名跡を継ぐ**　　　　　　　　×めいせき↓○みょうせき

歌舞伎などの古典芸能で、代々、受け継いでいく名前は「みょうせき」。一方、名高い古跡という意味で使う場合の「名跡」は「めいせき」と読む。

□一幕物　×いちまくもの→◯ひとまくもの

芝居で、一幕（幕が上がってから下がるまでの一区切り）で完結する物語を「ひとまくもの」という。なお、一幕で終わらない物語は「多幕物《たまくもの》」。

□（歌舞伎役者の）四代目　×よんだいめ→◯よだいめ

歌舞伎役者や落語家の代数の読み方には決まりがあり、四代目は「よだいめ」、七代目は「しちだいめ」、九代目は「くだいめ」と読む。芝居の段数も「四段目」は「よだんめ」、「七段目」は「しちだんめ」と読む。そして歌舞伎に登場する「四十七士」は「よんじゅうしちし」ではなく、「しじゅうしちし」。

□下の句　×したのく→◯しものく

和歌の後半、七七の部分。前半の五七五は「上《かみ》の句《く》」。

◉歴史・地理にまつわる言葉

□孫子《そんし》の兵法
×ひょうほう↓○へいほう

「へいほう」と読むと大勢の兵を率いる合戦術、「ひょうほう」と読むと、剣術や槍術などの個人の武術を指す。だから、孫子の兵法は「へいほう」であり、宮本武蔵が磨き上げたのは「ひょうほう」。

□三種《さんしゅ》の神器
×じんき↓○じんぎ

「神器」は「じんぎ」と読む。ワープロソフトでも「じんき」では変換されない。「しんき」も×。

□天上《てんじょう》天下唯我独尊《ゆいがどくそん》
×てんが↓○てんげ

お釈迦様が生まれたときに唱えたとされる言葉。語中の「天下」は伝統的に「てんげ」と読む。

□（京都府）**八幡市**

×やはたし→○やわたし

「八幡」には、四通りの読み方がある。京都の市名は「やわた」。一方、北九州市の八幡は「やはた」。神様の八幡様や八幡大菩薩は「はちまん」。昔、倭寇《わこう》が乗り組んでいた海賊船の八幡船は「ばはんせん」と読む。

□**陸前高田市**

×りくぜんたかだし→○りくぜんたかたし

地名は人名と同様に、清音か濁音かまで正確に読むことが必要。正しくは「りくぜんたかたし」である。

□**豊見城市**

×とみしろし→○とみぐすくし

高校野球の強豪・豊見城高校は「とみしろ」と読む。全国的にはこちらが先に有名になったので、市名を誤読するヤマトンチューが多くなった模様。

◉冠婚葬祭にまつわる言葉

□**喪家**　×そうけ↓○そうか

喪中の家のこと。「喪家の狗《いぬ》」は故事成句で、やつれて元気のないさま。なお、この成句を「喪家の犬」と書かないように。

□**新盆**　×しんぼん↓○にいぼん

故人の死後、初めて迎えるお盆。「あらぼん」とも読むが、「しんぼん」は×。

□**お骨を拾《ひろ》う**　×ほね↓○こつ

斎場《さいじょう》で「おほね」などと口にすると、白い目で見られることになる。

□**金包**　×かねつつみ↓○きんぽう

結婚関係では、おおむね結納金を意味する言葉。

声に出して堂々と読めますか？

問題 001

血肉となる

問題 002

細々とした作業《さぎょう》

問題 003

情がない

答え 001

□けつにく　　×ちにく

経験や知識が身につき、役立つようになること。「血となり肉となる」という慣用句につられ、「ちにく」と読まないように。「血肉化する」も「けつにくかする」と読む。

答え 002

□こまごま　　×ほそぼそ

「ほそぼそ」はかろうじて続けている、保っていること。文脈に応じて「こまごま」と読み分ける必要がある。「細々とした暮らし」は「ほそぼそ」、「細々とした雑事」は「こまごま」というように。

答え 003

□じょうがない　　×なさけがない

「なさけ」は送り仮名を省くと、「じょう」という音読みと区別がつかないので、「情け」と書く。読み方も、「情がない」は「じょうがない」、「情けがない」は「なさけがない」。

普段づかいの言葉、読めますか？

問題 004

下期

問題 005

小人数

問題 006

一段落

答え 004

□しも き　×かき

「下期の決算」は「しもきのけっさん」と読む。「下記」や「夏期」につられて「かき」と読まないように。対義語の「上期」は「かみき」。

答え 005

□こにんずう　×しょうにんずう

「しょうにんずう」と読むのは「少人数」のほう。なお、「大人数」は「おおにんずう」、多人数は「たにんずう」と読む。

答え 006

□いちだんらく　×ひとだんらく

昔から「いちだんらく」と読み、NHKなどの放送局は、この読み方を採用している。なお、「一段階」は「いちだんかい」、「一区切り」は「ひとくぎり」と読む。

よく使うだけにきちんと読みたい漢字です

問題 007

白雪

問題 008

巳年

問題 009

縁の地《ち》

答え
007

□しらゆき ×しろゆき

白を「しろ」と読むか、「しら」と読むかは、けっこう厄介。白菊、白魚、白和《あ》え、白壁、白子は「しら」と読むことを心得ておきたい。

答え
008

□みどし ×へびどし

大人なら、巳年はもちろん、卯年は「うどし」（×うさぎどし）、亥年は「いどし」（×いのししどし）、と読みたい。

答え
009

□ゆかり ×えん

「縁」は、一文字で出てきたとき、読み分けの難しい漢字。「えん」「ふち」「へり」「ゆかり」と四通りの読み方がある。「漱石縁の地」なら「ゆかりの地」。

読み間違えたくない動詞です

問題 010

逃す

問題 011

足る

問題 012

鼻白む

答え
010

□のがす　×にがす

意外と間違って読んでいる人が多い基本動詞。「逃す」は「にがす」ではなく、「のがす」と読む。「にがす」と読むのは「逃がす」のほう。「逃《に》がした魚は大きい」という成句は、「逃《のが》した」ではなく、「逃《に》がした」なので注意。一方、野球の〝みのがしの三振〟は「見逃し」と書く。

答え
011

□たる　×たりる

「たりる」と読むのは、「足りる」のほう。なお、「足る」の否定形は「足らない」、「足りる」の否定形は「足りない」となる。

答え
012

□はなじろむ　×はなじらむ

興ざめするさま。「白む」は「空が白む」など、単独では「しらむ」と読むが、「鼻白む」は「はなじろむ」と読む。

自信を持って読めますか？

問題 013

（慣用句の）一言もない

問題 014

男《おとこ》の意気地

問題 015

迷い子

答え013

□いちごん ×ひとこと

言い訳のしようがないという意味の慣用句としては、「いちごんもない」と読む。一方、「詫びの一言もない」は「ひとこと」と読む。

答え014

□いきじ ×いくじ

ガッツを感じさせる強い気持ちは「いきじ」。一方、「意気地がない」など、否定的な意味に使うときは「いくじ」と読む。

答え015

□まよいご ×まいご

「迷」を訓読みするときの語幹は「まよ」。そのため、「迷い子」と送り仮名の「い」を入れたときには、「まよいご」と読む。一方、「迷子」は「まいご」と読む。

四字熟語、本当に読めますか？

問題 016

四分五裂

問題 017

一日千秋

問題 018

不得要領

答え 016

□しぶんごれつ　×しぶごれつ

ばらばらに分かれるさま。ワープロソフトで「しぶごれつ」と打っても、正しく変換されないことが多いはず。

答え 017

□いちじつせんしゅう　×いちにちせんしゅう

「千秋」は千年のことで、一日が千年に思えるほど、待ち遠しいことの形容。「一日の長」も「いちじつのちょう」と読む。

答え 018

□ふとくようりょう　×ふえようりょう

要領を得ないことで「不得要領な説明」などと使う。文字では目にしていても、音を耳にすることが少ない言葉であるため、言葉に詳しい人でも、誤読してしまいがちな四字熟語。

四字熟語、本当に読めますか？

問題 **019**

運否天賦

問題 **020**

冷汗三斗

問題 **021**

一衣帯水

答え 019

□うんぷてんぷ　×うんぴてんぷ

「否」を「ぷ」と読む珍しい例。意味は、運のよしあしは天が決めるということ。

答え 020

□れいかんさんと　×ひやあせさんと

「斗」は容量の単位で、一斗は十升（18リットル）。冷や汗を三斗もかくほど、大量の冷や汗が出るような思いをするさま。ただし、読むときは音読みに。

答え 021

□いち・いたいすい　×いちい・たいすい

四字熟語の大半は「いっちょう・いったん」や「てんい・むほう」のように、2文字ずつ区切って読む。ところが、ごく少数ながら「3文字＋1字」「1字＋3文字」と区切って読む言葉がある。これは、その一つ。「衣帯」は着物の帯を表す熟語であり、途中で区切って読むことはできない。

この慣用表現、読めますか？

問題 022

意を体する

問題 023

なくて七癖

問題 024

俎上《そじょう》の魚

答え 022

□たいする　×ていする

案外、「ていする」と誤読する人が多い成句。身をもって実行するという意味で、「社長の意を体する」など。他に、「体をかわす」「体がない」は「たい」、「体よく断る」「ほうほうの体」は「てい」と読む。

答え 023

□ななくせ　×しちくせ

人は、多かれ少なかれ、癖をもっているものという意味。「しちくせ」と読むのは誤り。「七転び八起き」も「ななころび」と読む。

答え 024

□うお　×さかな

この成句では「うお」と読む。相手のなすがままになるしかないことのたとえ。「俎《まないた》の上の鯉」と同じ意味。

食べ物をめぐる誤読しやすい言葉です1

問題
025

菜箸

問題
026

富有柿

問題
027

杏仁豆腐

答え 025

□さいばし　×なばし

料理をつくり、取り分けるのに使う長い箸。「菜」を音読みする。

答え 026

□ふゆうがき　×ふゆがき

柿の品種。岐阜県の地域ブランドで、中国古典の『礼記』の「富有」(天下を治めるという意)からつけられた名。「ふゆう」と打つと、おおむね「富裕」が先に出るので、「富裕柿」と打ち間違えないように。

答え 027

□きょうにんどうふ　□あんにんどうふ

「杏仁」は杏《あんず》の種を干したもののことで、「きょうにん」と読む。杏仁豆腐も「きょうにんどうふ」が正しい読み方なのだが、杏を「あんず」と読むことに引きずられてか、「あんにんどうふ」という読み方で定着。今では、「きょうにんどうふ、ひとつ」と注文しても、通じない店が多いだろう。

食べ物をめぐる誤読しやすい言葉です②

問題 028

中食

問題 029

有田みかん

問題 030

葉菜類

答え 028

□なかしょく ×ちゅうしょく

市販の弁当や惣菜を持ち帰り、家の「中で食べる」こと。まだ、新語の段階だが、「昼食」との混同を避けるためもあって、「なかしょく」という湯桶読みで定着している。

答え 029

□ありだ ×ありた

濁って読むのが正しい。他に、アナウンサーら、プロの読み手の間では、濁って読まないと間違いになる地名として、神奈川県の秦野《はだの》と島根県の大田《おおだ》が有名。

答え 030

□ようさいるい ×はさいるい

葉を食用にする野菜。白菜、キャベツ、ホウレンソウなどのこと。なお、ダイコンやゴボウなど根を食べるものは「根菜類《こんさいるい》」。トマトやナスなど「実」を食べるものは「果菜類《かさいるい》」。

日本史をめぐる誤読しやすい言葉です1

問題031

元治元年

問題032

二・二六事件

問題033

B29

答え 031

□げんじ　　×がんじ

幕末の年号。「慶応」の前の年号であり、池田屋事件、蛤御門の変など、血なまぐさい事件が頻発した時代。元治元年は「げんじ・がんねん」と読むことになる。

答え 032

□にいにいろく　　×にいてんにいろく

昭和初期のクーデター事件。「・」は〝発音〟しない。「五・一五事件」も同様。書くときは漢数字で書き、固有名詞であるため、横書きの場合でも2・26事件、5・15事件と洋数字で書かない。一郎を1郎と書かないようなもの。

答え 033

□Bにじゅうく　　×Bにじゅうきゅう

太平洋戦争時の米軍の爆撃機名。放送局では「Bにじゅうく」に統一している。単なる数字の場合は、「にじゅうきゅう」と読んでもいいが、この場合は固有名詞なので、放送局の読み方にならうのが常識的。

日本史をめぐる誤読しやすい言葉です②

問題 034

天智天皇

問題 035

浅井長政

問題 036

柳田国男

答え
034

□てんじてんのう　×てんちてんのう

大化の改新の主役となった7世紀中頃の天皇。「智」を「じ」と読む珍しいケース。「てんち」ではない。

答え
035

□あざいながまさ　×あさいながまさ

固有名詞は、清音か濁音かまで正確に読み分けたいもの。淀・初・江の浅井三姉妹は「あざい・さんしまい」。なお、浅井氏の居城・小谷城は「こたにじょう」ではなく、「おだにじょう」と読む。

答え
036

□やなぎたくにお　×やなぎだくにお

民俗学の創始者。「やなぎた」と清音で読む。なお、柳田邦男（ノンフィクション作家）は「やなぎだ」と読む。

日本の神々と仏をめぐる
誤読しやすい言葉です

問題
037

出雲大社

問題
038

（神社を）再建する

問題
039

無縁仏

答え 037

□いずもたいしゃ　□いづもおおやしろ

出雲大社のホームページの「よくあるご質問」コーナーには、「一般的には『いづもたいしゃ』と申しておりますが、正式には『いづもおおやしろ』です」とある。地元では「おおやしろ」と呼ぶ人が少なくない。

答え 038

□さいこん　×さいけん

「再建」は通常は「さいけん」と読むが、神社仏閣を建て直すときは「さいこん」と読む。

答え 039

□むえんぼとけ　×むえんぶつ

仏教で、弔う縁者のいない死者のこと。この「仏」は、死者を意味する「ほとけ」のことなので、「むえんぼとけ」と読む。

世界史をめぐる誤読しやすい言葉です

〈読み方〉

問題 **040**

楔形文字

問題 **041**

死海文書

問題 **042**

露土戦争

答え040

□くさびがたもじ　×きっけいもじ

古代メソポタミアで用いられた文字。「楔形」を音読みする場合は「せっけい」と読む。「喫」と旁《つくり》が似ているが、「楔」に「きつ」という音読みはない。

答え041

□しかいもんじょ　×しかいぶんしょ

キリスト教創成期に作成された文書。「古文書」など、歴史的史料は「もんじょ」と読む。一方、「文書作成」「文書整理」など、史料ではない場合は「ぶんしょ」。

答え042

□ろとせんそう　×ろどせんそう

ロシアとオスマントルコとの戦争。16〜20世紀にかけて、有名なクリミア戦争を含め、少なくとも12回は戦われた。トルコは漢字では「土耳古」と書く。「露土」の「土」は、これを略したものなので、「と」と読む。

誤読しやすい地名です

問題 043

筑紫平野

問題 044

松阪市

問題 045

茨城県

答え
043

□つくし　×ちくし

「筑紫」には、「つくし」と「ちくし」、二通りの読み方がある。旧国名の「筑紫」、「筑紫次郎」（筑後川のこと）は「つくし」。一方、筑紫野市は「ちくしのし」、ニュースキャスターの故筑紫哲也氏は「ちくし・てつや」と読む。

答え
044

□まつさか　×まつざか

三重県の市の名。同市の名産「松阪牛」は「まつさかうし」、あるいは「まつさかぎゅう」と読む。

答え
045

□いばらき　×いばらぎ

「いばらき」と濁らずに読むのが正しい。なお、大阪府の茨木市も「いばらぎ」と読む人がいるが、正しくはこちらも「いばらき」。

◀続きは137頁から

Step2

「使い間違い」に気をつけると語彙力に磨きがかかります

この章には、よく耳にするのに間違った意味で使われている言葉、言い間違えて使われがちな言葉を集めました。

正しい意味をご存知ですか？

・やおら（「急に」「いきなり」の意味ではありません）

・辛党（「辛いものが好きな人」の意味ではありません）

どこが間違いかわかりますか？

× すくっと立ち上がる

× かかずらわる

1

「意味の取り違え」が大きな誤解を招いている

◉「国語に関する世論調査」で分かった日本人の大誤解

□**檄《げき》を飛《と》ばす**……本来の意味は「自分の主張や考えを広く世に知らせること」だが、文化庁による「国語に関する世論調査」によると、74・1％もの人が「元気のない者に刺激を与えて活気づけること」と思っていた言葉。

□**流れに棹《さお》さす**……本来の意味は「傾向に乗って、勢いを増す行為をする」だが、62・2％の人が「傾向に逆らって、勢いを失わせる行為」という意味だと思っていた。

□**やおら**……本来の意味は「ゆっくりと」。それなのに、43・7％の人が「急に」「いきなり」という意味だと思っていた言葉。

□**世間《せけん》ずれ**……本来の意味は「世間を渡ってずる賢くなっている」だが、32・4％の人が「世の中の考えから外《はず》れている」、つまり世間とはズレているという意味だと思っていた言葉。

□**号泣《ごうきゅう》する**……本来の意味は「大声をあげて泣く」だが、48・3％の人が「激しく泣く」という意味だと思っていた言葉。なお、「号」には、さけぶという意味がある。

□**うがった見方をする**……本来の意味は「物事の本質をとらえた見方をする」だが、48・2％もの人が「疑ってかかるような見方をする」という意味だと思っていた言葉。有名キャスターも長年まちがって使っていたと謝罪したことがある。

□**にやける**……本来の意味は「なよなよしている」ことだが、76・5％もの人が「薄笑いを浮かべている」という意味だと思っていた言葉。

□**まんじりともせず**……本来の意味は「眠らないで」だが、51・5%もの人が「じっと動かないで」という意味だと思っていた言葉。

□**おもむろに**……本来は「ゆっくりと」だが、40・8%の人が「不意に」の意味だと思っていた言葉。「おもむろに起き上がる」はゆっくり起き上がるという意味。

□**煮詰《につ》まる**……議論が「煮詰まる」は本来、「(議論が出尽くして)結論が出る状態になること」(51・8%)を意味するが、40・0%の人が、「(議論が行き詰まり)結論が出せない状態になること」と思っていた言葉。

◉「季節の日本語」をさりげなく使うには?

□**秋の夜長《よなが》**……NHKでは、秋分の日から11月初旬まで使い、それ以降は使わないようにしている。例年、11月7日頃が「立冬」に当たり、それ以降は暦の上では冬になるためだろう。

□（春や初夏に）**さわやかな季節**……「さわやか」は俳句では秋の季語で、空気がよく乾いた秋晴れの日にふさわしい言葉。春や初夏の天気のいい日に使うのは不適切と感じる、言葉のニュアンスに敏感な人もいる。

□（春に）**肌寒**《はださむ》**い**……「肌寒」も秋の季語で、「肌寒い季節」は本来、秋を形容する言葉。春にも体感温度が低い日はあるが、「肌寒い」と表現すると、違和感を覚える人もいるので気をつけたい。

◉違和感を感じてしまうちょっと残念な日本語

□**じりじりと遅れていく**……「じりじり」は、「近づいていく」ときに使う副詞。テレビ・ラジオ局では、マラソンや駅伝の実況放送で、「じりじりと遅れていく」とアナウンスしないように指導している。ただし、現実には「じりじりと引き離されていきます」などと、遅れていく形容にも使われている。

□**名前負けする**……近年、とりわけスポーツ関係で、「名前負け」を「相手の名前に対してひるむ」という意味で使うケースが目立っている。これは誤用で、正しい意味は、（自分の）名前が立派すぎて、実力が伴わないこと。

□**（一人の）名選手を輩出する**……「輩出する」は複数の人材が世に出ることで、「数々の名選手を輩出した高校」のように使う。「松井選手を輩出した高校」のように、対象が一人の場合に使うのは誤用になる。

□**病勢《びょうせい》があらたまる**……病状が急に変化するという意味だが、病状が悪化するとき限定。「病勢があらたまり、快方に向かう」のように、改善に向かうときには使えない。

□**快気祝《かいきいわ》い**……病気が治った人に贈る見舞いの品をこう呼ぶのは、間違い。正しくは、病気が全快した人の側が、お見舞いのお返しとして贈る品のこと。退院した人に物を贈るとき、「快気祝い」と表書きしたりしないように。

□**おざなり**……「おざなり」は、その場しのぎのため、何かを適当に〝する〟こと。一方、「なおざり」は、すべきことをほったらかしにして、何も〝しない〟こと。だから、「仕事をおざなりにする」は少しは仕事をしているが、「仕事をなおざりにする」は仕事をまったくしていないという意味になる。

◉その言葉、誤解したまま使っていませんか

□**入籍《にゅうせき》**……「入籍」と「結婚」は同じことではない。戦前の民法では、女性は結婚すると実家の戸籍をはずれ、夫の戸籍に入った。だから、結婚＝入籍だったのだが、戦後の民法では、結婚すると、新夫婦は新戸籍を作るのであって、妻が夫の戸籍に入るわけではない。だから、結婚＝入籍ではなくなっている。

□**戦前**《せんぜん》……厳密にいうと、終戦までを表す言葉ではない。「戦前」は戦いの前であり、本来は昭和16年12月7日までを指す言葉。同年12月8日の真珠湾攻撃から終戦までは「戦中」。ただし、終戦までを「戦前」とする表現が広がっていることを追認する辞書もある。

□**舌代**《しただい》……和食店では、お品書きの最初にこう書かれているものだが、舌代とは「料理代」のことではない。この「舌」は言葉のことで、舌代は「口上書」のこと。「本来なら、口頭（舌）で伝えるべきことですが、代わりに文字で伝えます」という意味。

□**桜桃**《おうとう》……桃の仲間ではなく、サクランボ、あるいはその樹のこと。「桜桃忌」は太宰治の忌日（6月19日）で、太宰には『桜桃』という作品があることに由来する。なお、「黄桃」と書くと、桃の一品種。

□**京菜**《きょうな》……京野菜のことではない。アブラナ科の野菜で、関西ではミズナと呼ばれる。一方、「京野菜」は、加茂なす、九条ねぎなど、京都特産の野菜の総称。

□**容貌魁偉《ようぼうかいい》**……「魁偉」は、並外れて大きく立派なさま。「怪物のような」という意味に誤解されやすいのは、「怪異」との混同からだろう。

□**結審《けっしん》**……「判決が出る」という意味ではない。尋問や弁論がすべて終わることが「結審」。まだ、判決は出ていないので、結審の段階では、裁判は終わっていない。だから、「判決が出て結審する」というのは間違い。

◉その言葉、正しい意味で使っていますか

□**真綿《まわた》**……純粋な綿のことではない。「真綿」は、木綿の一種ではなく、蚕の繭を煮て棒状に引き延ばしたもののこと。要するに、絹糸の素材。真綿の繊維はやわらかいのに切れにくいので、「真綿で首を絞める」という成句が成立する。

□**双璧《そうへき》**……「双璧」は、二つの宝玉のことであり、すぐれていることのたとえに使う

言葉。だから、ネガティブな形容には使えず、「悪の双璧」などというのは誤用。

□**追撃**……「追撃」は本来、優勢なほうが、かさにかかって相手を攻撃するという意味。劣勢・下位のものが、優勢なものを追いかけるという意味で使うのは誤用。

□**連投**……「連投」は、野球で同じ投手が二日以上続けて投げることであり、一試合中の出来事に使うのはふさわしくない。「フォークボールを連投する」は「フォークボールを続けて投げる」に言い換えたほうがいい。

□**平座**《へいざ》……正座のことではなく、あぐらをかくこと。だから、「平気の平座」という言葉が意味を成す。

□**辛党**《からとう》……「辛党」は、酒が好きな人のこと。酒は甘みが少ないことから、「辛党」と呼ばれるようになったとみられる。辛いものが好きな人のことではない。

□**いさめる**……目上が目下を注意することではない。「社長をいさめる」など、下の者が目上に意見するときに使う言葉。漢字で書くと「諫める」で、そういう言葉を「諫言」という。

□**たなびく**……旗が風を受けてはためくことではない。「煙がたなびく」など、煙や霞《かすみ》が横に長く漂うさま。旗は「なびく」（靡く）もので、「旗が風に靡く」など。

□**むしゃぶりつく**……料理にかぶりつくという意味ではない。激しくすがりつくことで、「幼児が母親にむしゃぶりつく」などと使う。「ステーキにむしゃぶりつく」などという誤用は、「貪《むさぼ》り食う」や「むしゃむしゃ食う」との混同から生じたものだろう。

2

日本語の「使い間違い」は大人のタブー

◉こういう日本語の使い方はアウトです

×（火事で）よく燃える↓◯ひどく燃える

放送局では、火事など、ネガティブなことの形容に「よく」を使うことを避けている。

×（子どもが）むずがる↓◯むずかる

子供がぐずることを意味するのは「むずかる」。なお、「むずかる」は、漢字では「憤る」と書き、「いきどおる」と同じになる。

×いさぎがよい↓◯いさぎよい

「いさぎよい」は漢字では「潔い」と書き、思い切りがよい、未練がないという意味。

「いさぎ」という言葉はないので、助詞の「が」をはさむ表現はつくれない。むろん、「いさぎが悪い」も×。

×ご飯をよそる→○ご飯をよそう

ご飯を器に盛るのは「よそう」。「(ご飯を) 盛る」という言葉との混交からか、「よそる」という人がいるが、間違い。

×かかずらわる→○かかずらう

×の「かかずらわる」は、「かかずらう」と「かかわりあう」を混同、混ぜ合わせてしまった言葉とみられる。

×似通る→○似通う

「似通う」は、互いによく似ているさま。「似通る」は、音の似通っている「近寄る」に引きずられた誤用か。

×要チェックする↓○チェックする

「要チェック」の「要」は、「○○することが必要」という意味。「この点は要チェック」などと使えても、「要チェックする」と動詞のように使うのはおかしい。

×先延ばす↓○先延ばしにする

×は、「先延ばし」という名詞を動詞化した言葉だが、まだ市民権を得ていない。正しくは「先延ばしにする」。「先送りする」もＯＫ。

×飼い殺す↓○飼い殺しにする

これも、前項と同様、「飼い殺し」という名詞を動詞化した言葉だが、まだ辞書には載っていない。「飼い殺しにする」が正しい表現。

×前倒す↓○前倒しにする

名詞の「前倒し」の動詞化も、まだ市民権を得ていない。少なくとも、文章では「前倒しにする」と書いたほうがいい。

◉確実に恥をかく日本語のヘンな使い方

×大きい顔をする↓◯大きな顔をする

口語では「大きい〜」となりがちだが、成句としては「大きな」が正解。ほかにも、成句では、「大きなお世話」「大きな口をきく」は、いずれも「大きい」ではなく、「大きな」を使う。

×(責任の重さを) しみじみと感じる↓◯ひしひしと感じる

「ひしひし」は、重大な責任など、身にこたえることの形容に使われる。一方、「しみじみ」は心に深くしみこむさまに使われる。「喜びをしみじみと感じる」が定番の使い方。

×水かさが高くなる↓◯水かさが増す

「水かさ」は水量のことであり、「高い・低い」ではなく、「増す・減る」で形容する。

「高くなる」を使うのであれば、「水位が高くなる」。

×目覚めが悪い↓〇寝覚めが悪い

「寝覚めが悪い」は、寝起きの気分や体調がすぐれないこと。文化庁の国語調査では、6割近い人が「目覚めが悪い」という誤った形で使っていた言葉。

×重しをぶら下げる↓〇重しを乗せる、重りをぶら下げる

重しは、漬物石のように上に〝乗せる〟もの。「組織の重しになる人」も、組織の上位ポストにいるはず。一方、ものを沈めるためにぶら下げるものは「重り」。「錘《おもり》」とも書く。

×味あう↓〇味わう

「味わう」は「わ行」で活用する言葉だが、発音しにくいこともあって、「味あう」という人が多い言葉。けれども、文章で〝味あう〟と書いてはダメ。〝味合う〟も×。

◉やってはいけない日本語の言い間違い1

×コンセントを差し込む→○コンセントに差し込む

コンセントは、電気をとるための差し込み口であり、そこに差し込むのはプラグ。だから、「コンセントに差し込む」か「プラグを差し込む」が正しい表現になる。

×口をつく→○口をついて出る

次から次へと言葉が出てくるさま。漢字では「口を衝《つ》いて出る」と書き、「衝く」はしぜんに溢れ出るさまを表す。「悪口が口をつく」は誤用で、「悪口が口をついて出る」が正しい。

×にぎあう→○にぎわう

「にぎあう」ではなく「にぎわう」。またその否定形を「にぎあわない」としないように注意。正しくは「にぎわわない」(確かに発音しにくいのだが)。

×酒を飲み交わす↓〇酒を酌《く》み交わす

「今夜はゆっくり飲み交わそう」などと、人を誘ってはダメ。「酒を酌み交わす」が正しい表現。「飲み交わす」という誤用が生じたのは、「杯を交わす」という言葉があるためか。

×積極さがほしい↓〇積極性がほしい

「小ささ」「高さ」「華やかさ」などは、形容詞や形容動詞の語幹に、接尾語の「さ」がついて、名詞をつくる形。「積極」のような名詞に「さ」はつけられない。

×興奮さめやまぬ↓〇興奮さめやらぬ

「興奮」と「夢」は「さめやらぬ」と続けるのが定型。「夢さめやまぬ」も×なので注意。

×たじろかす↓〇たじろがす

「たじろぐ」が基本形の動詞であり、相手をひるませるときも「たじろがす」と濁音を使う。否定形も、「たじろかない」ではなく、「たじろがない」。

×先ん出る→○先んずる

「先んずる」は、「先にする」が音便化した言葉で、「人に先んずる」などと使う。「先んじる」でもＯＫだが、「先ん出る」という言葉はない。

×暗雲がたちこめる→○暗雲がたれこめる

ネガティブなことが起きそうな状況の形容句。「暗雲」は雲の一種なので「(低く)垂れ込める」が正解。一方、「たちこめる」のは霧や煙であり、「霧がたちこめる」「煙がたちこめる」などと使う。

×底なしに明るい→○底抜けに明るい

「底なし」は底がわからないという意味で、「底なし沼」などに使われている言葉。一方、「底抜け」といえば物事の程度が甚《はなは》だしいさまを表し、「明るさ」を形容するのはこちらのほう。

◉やってはいけない日本語の言い間違い②

×采配をふるう→○采配《さいはい》を振る

指揮すること。「采配」は、かつて大将が戦闘を指揮するために振った道具。近年、「采配をふるう」という人が増えているが、これは「辣腕《らつわん》を振るう」との混交か。

×陣頭指揮をふるう→○陣頭指揮をとる

先頭に立って指揮すること。前述の「采配を振る」が〝采配をふるう〟と誤用され、それがこの言葉の変形にも影響を与えたとみられる。「指揮をふるう」という言葉もない。

×肩をつぼめる→○肩をすぼめる

「口をつぼめる」（閉じるの意）とはいうが、肩は「すぼめる」（幅を狭くするの意）もの。なお、厄介なことに「つぼめる」も「すぼめる」も、漢字では「窄める」と書く。プロの読み手にとっては、場合によって読み分けなければならない面倒な言葉。

×夜《よる》を徹する↓○夜《よ》を徹する

徹夜する。放送でも「夜《よる》を徹して行われました」などと誤読されることが多い語。なお、「夜を日に継ぐ」(昼夜を分けることなく、物事を行う)という慣用句も「よる」ではなく、「よ」と読む。

△屋上屋を重ねる↓○屋上屋を架す

屋根の上にさらに屋根を架けるような、無駄なことをするという意味の成句。「〜を重ねる」という人が増え、慣用化しているものの、成句には本来、決まっている形があるので、「架す」を使う。

×寸暇を惜しまず働く↓○寸暇を惜しんで働く

○のほうは、わずかな暇(寸暇)ができるのも惜しんで働くという意味。近年は、×のようにいう人が増えているが、〝寸暇を惜しまず〟では、意味が成立しない。

×目を半眼に閉じる→○目を半眼《はんがん》に開く

坐禅用語では「半眼に開く」という。つまり、目を半ば閉じるのではなく、目を半ば開くという意味。一般社会で使われている「目を半眼の状態にする」は、目くじらを立てるほどではないが、△くらいか。

×物議を呼ぶ→○論議を呼ぶ

論議を引き起こすこと。「物議を醸《かも》す」はほぼ同じ意味で正しい表現。「物議を醸し出す」は、よく見かける誤用で×。「論議を醸す」もＮＧ。

×予防線を引く→○予防線を張る

後々、責任を追及されないように、前もって手を打つこと。「予防線」は、敵の侵入を警戒するラインのことであり、「警戒線」などと同様、「張る」もの。「引く」ものではない。

◉やってはいけない日本語の言い間違い③

×名前に泥を塗る→◯顔に泥を塗る

体面を汚すこと。「名前を汚《けが》す」という言葉はあるが、「泥を塗る」場合には「顔」を使う。

×（怒りで）目をつり上げる→◯眉をつり上げる

「目」を使った慣用表現は、よく知られている言葉だけでも50以上あるが、「目をつり上げる」という言葉はない。怒りや興奮したことを表す語は、「眉をつり上げる」か「眉を上げる」。

×藁をもすがる→◯藁にもすがる、藁をもつかむ

「藁にもすがる」「溺れる者は藁をもつかむ」という言葉はあるが、「藁をもすがる」は×。

×全知全能を傾ける→○全身全霊を傾ける

全知全能は「全知全能の神」など、完全無欠な能力を表す言葉。普通の人の能力の形容に使える言葉ではない。一般人が傾けることができるのは「全身全霊」。

×（高気圧が）進む→○移動する

気象庁では、高気圧は「移動する」、低気圧は「進む」と表現する。低気圧は中心がはっきりしているので「進む」を使い、高気圧は中心がはっきりしないので「移動する」と表現する。また、低気圧は「発達する」、高気圧は「勢力を強める」と表現している。

×ご拝読ください→○お読みください

「拝読」は謙譲語であり、「拝読させていただきました」など、自分の行動に使う言葉。ほか、拝聴、拝見、拝借、拝察など、「拝」のつく熟語は自分の行動専用の言葉。

×警鐘を発する→○警鐘を鳴らす

警鐘は鐘であり、「鳴らす」もの。「警鐘を発する」という誤用は、似た意味の「警告を発する」と混同したものだろう。

×お目にかなう→○お眼鏡にかなう

目上の人に評価されることを意味する慣用句は、「お眼鏡にかなう」。「目に留まる」という言葉はあるので、それを敬語化した「お目に留まる」はＯＫ。

◉やってはいけない日本語の言い間違い④

×箸を進める→○箸が進む

食欲がわき、次々と食べる様子は「箸が進む」。あるいは「食が進む」もＯＫ。

×手間暇を惜しむ→○手間を惜しむ

手を抜くことを意味する慣用句は「手間を惜しむ」。「手間暇を惜しむ」という人が多いのは、「手間暇かける」と混同してのことだろう。

×景況を呈している↓○活況を呈している

「景況」は、景気、相場などの状態のことで、「景況感」「景況判断」などと使う言葉。商売・相場などの景気がいい状態は「活況を呈している」。

×念頭に入れる↓○念頭に置く

○は、いつも気にかけるという意味。「念頭に入れる」という誤用は、「頭に入れる」と混同したものだろう。

×蘊蓄をひけらかす↓○知識をひけらかす

「蘊蓄」は「傾ける」もの。「ひけらかす」を使うのなら、「知識をひけらかす」。

×天罰が当たる↓○天罰が下る

天罰は「当たる」ものではなく、「下る」もの。「天罰が当たる」という誤用は、

「罰《ばち》が当たる」との混同とみられる。

×出る場所へ出る→〇出る所へ出る

もめ事に決着をつけるため、警察や裁判所などの公の場に出ること。「出る場所へ出ようじゃないか」と誤用して啖呵《たんか》を切っても、さまにならない。

×射程距離に入る→〇射程内に入る

「射程」は、発射地点から弾着点までの距離のこと。だから、「射程距離」は重複表現。「射程距離は2キロ」ではなく、「射程は2キロ」とするのが正しい。

×日がどっぷりと暮れる→〇日がとっぷりと暮れる

日が暮れる様子の形容に使うのは「とっぷり」。一方、「どっぷり」は「どっぷり浸《つ》かる」などと使う言葉。なお、「とっぷり」は、「とっぷり浸かる」など、液体に浸かるさまの形容にも使える。

×背中が寒くなる→○背筋が寒くなる

気味の悪さにぞっとするさま。成句としての定型である「背筋が寒くなる」を使いたい。

×血も涙も出ない→○血も涙もない

○は、無慈悲なさま。「涙も出ない」という形容句はあるが、「血も涙も出ない」とはいわない。なお「血と涙の結晶」という言葉もなく、正しくは「血と汗の結晶」。

◉いいかげんに使うと、かえってマズい日本語

×鉄槌を見舞う→○鉄槌《てっつい》を下《くだ》す

厳しい制裁を加えること。槌は振り下ろすものであり、○が定型。「鉄槌をお見舞いする」も×。これは「鉄拳をお見舞いする」（拳で殴ること）と混同した言葉だろう。

×野に放す↓〇野に放つ

「野に放つ」「鳥を放つ」「矢を放つ」など、はなしたとたん、勢いよく駆け出したり、飛び出したりするものには、「放つ」が似合う。

×無実をはらす↓〇無実の罪をはらす、冤罪《えんざい》をはらす

「はらす」のは、無実の罪や冤罪。「無実をはらす」では、意味が成立しない。

×攻守立場を変える↓〇攻守所《こうしゅところ》を変える

〇は形勢が逆転するという意味。「攻守所を変える」が正しい形なので、スポーツ中継で耳にすることがある「攻守、立場が変わりましたねぇ」などというセリフは誤用になる。

×奸智に秀でる↓〇奸智《かんち》に長《た》ける

「奸智」は悪知恵という意味であり、ネガティブなこと。ネガティブなことを形容するのに、「秀でる」を使うのはおかしい。

×遮二無二に突進する→○遮二無二《しゃにむに》突進《とっしん》する

「遮二」は「二をたちきる」こと、「無二」は「二がない」ことで、次の見通しもなく、がむしゃらにという意味。「遮二無二」はこの形の副詞なので、「に」をつける必要はない。「遮二無二な突進」も×。

×悔しさを噛み殺す→○悔しさを押し殺す

「噛み殺す」は、笑いやあくびをおさえることで、「笑いを噛み殺す」「あくびを噛み殺す」と使う。押し殺すのは「悔しさ」のほう。ただし、「殺す」という言葉の使用を避け、「悔しさをこらえる」「悔しさをおさえる」と言い換えたほうがいい。

◉中途半端に使うと、かえってバカにされる日本語

×海のもずくとなる→○海の藻屑《もくず》となる

海難事故で死亡することだが、聞き間違えて覚えると、「海のもずく」などと口走

って失笑を買うことに。

×自責の念にさいい悩まされる→○自責の念にさいなまれる

「さいなまれる」は漢字では「苛まれる」と書き、「苦しめられる」という意味。

×しかめつらしい→○しかつめらしい

「しかめっ面」という言葉につられ、「め」と「つ」の順番が反対にならないように注意。「鹿爪らしい」という当て字もあるくらいで、「しかつめらしい」が正しい。

×種を植える→○種を蒔《ま》く

「種」にふさわしい動詞は「蒔く」。「種まき」といっても「種植え」とはいわないはず。「植える」のは「苗」のほう。

×（事故が）ずば抜けて多い→○ひじょうに多い

「ずば抜ける」は優れているという意味を含み、「ずば抜けて優秀」「ずば抜けた出来」などと、ポジティブな形容に使う言葉。事故の多さなど、ネガティブなことの形容には不似合い。

×（秋の日が）暮れなずむ↓〇（春の日が）暮れなずむ

「暮れなずむ」は日がなかなか沈まない様子で、日が長くなった春の夕暮れにふさわしい言葉。秋はすぐに暮れてしまうので、この言葉は似合わない。

×見栄えがよい↓〇見栄えがする

後者が定型の表現。「見栄え」に〝栄《は》える〟という言葉が含まれているので、「見栄えがよい」は重複表現にもなる。

×舌がおごる↓〇口がおごる

「口がおごる」は、贅沢な食べ物を好むこと。舌で味わうとはいえ、×のような言葉はない。

×目がくらめく→○目がくらむ、目くるめく

〝くらめく〟という動詞はないので、「大金に目がくらめく」などといってはダメ。「目がくらめく」という誤用は、「目がくらくらする」「目がくらむ」「目くるめく」などが混交して生まれてきたのだろう。

◉会話のなかで使うと間違いなく笑われる言い方

×すくっと→○すっくと

人が勢いよく立ち上がるさまは「すっくと立ち上がる」。ところが、「すくっと」という人が増えて慣用化に近づき、こちらも載せている辞書もある。ただし、依然、誤用と感じる人が多いので、「すっくと」を使ったほうがいい。

×辛いめ→○辛め

「形容詞＋め」型の言葉は、形容詞の語幹に「め」をつけるのが原則。たとえば、×厚いめ→○厚め、×薄いめ→○薄め、×早いめ→○早め、×遅いめ→○遅め、×

硬いめ→○硬め、となる。

×おそらく大丈夫→○たぶん大丈夫

「おそらく」は漢字で「恐らく」と書くように、恐れるという意味を含むので、ポジティブな予測には似合わない。大丈夫と思う場合には、「たぶん大丈夫」「きっと大丈夫」としたほうがいい。

×三つ揃え→○三つ揃い

後者が正しいのだが、たまに〝三つ揃え〟という人がいるのは、「品揃え」など「揃え」と続く言葉があることからの混用だろう。

×大食漢の女性→○大食いの女性

「漢」は「好漢」「悪漢」「暴漢」など、男性を表す漢字であり、女性に対しては使えない。「大食いの女性」と言い換えるのもいささか品がないので、性別に関係なく使える「健啖家《けんたんか》」を用いてもいい。

×足かけ五年余り↓〇足かけ五年

「足かけ」は、始まりと終わりの年も数えるときに使う言葉。切り上げて数えるので、数字がはっきり出るはずで、「余り」をつける必要はない。

◉大人が使うと間違いなく笑われる言い方

×自信なさげ↓〇自信なげ

「自信ない」に接尾語の「げ」がついた形で、「自信なげ」が正しい。他に「頼りなげ」「所在なげ」も「さ」は必要なく、「頼りなさげ」や「所在なさげ」というのは間違い。

×久々の（大地震）↓〇久々の（勝利）

「久々の」や「久しぶりの」は、「久々の快勝」「久しぶりの優勝」など、期待されていたことがしばらくぶりに起きたときに使う言葉。ネガティブなことには似合わないので、「久々の殺人事件」や「久しぶりの大火事」などもNG。

×はきだまり→○はきだめ、ふきだまり

「掃き溜め」「吹き溜まり」という言葉はあるが、「はきだまり」という言葉はない。〝はきだまりのような場所〟などと、うっかり口にしないように。

×働きずくめ→○働きづめ

「〜づめ」は、動詞について、その動作が続く状態を表す。「ここのところ、働きづめで」など。一方、「ずくめ」は名詞につき、そればかりである様子を表す。「黒ずくめの装束」など。「づ」と「ず」の使い分けにも注意。

×負けずとも劣らない→○負けず劣らず

○は、同程度の能力で、優劣がつけにくいさま。×は、「勝るとも劣らない」（互角かそれ以上）と混ざり合ったとみられる誤用。

×通り一辺倒↓〇通り一遍

「通り一遍」は、当たり障りのないことを意味する。×は、それと「一辺倒」が混ざり合った誤用。意味を成していない。

×均衡した試合↓〇拮抗《きっこう》した試合

「均衡」と「拮抗」は、正確に使い分けたい。「均衡」はバランスのことなので、「均衡がとれた試合」とはいえる。

×金にまかせて↓〇金にあかせて

漢字では「金に飽かせて」と書き、飽きるほどに金を使うという意味。「力にまかせて」という言葉があるところから、「金にまかせて」という誤用が生まれたとみられる。

×暇にまかせて↓〇暇にあかせて

これも、前項と同様。漢字では「暇に飽かせて」と書き、「暇があるのをよいことに、多くの時間を費やして」という意味。

×申し訳ない程度→○申し訳程度

「申し訳程度」は、ほんのわずかであること。「申し訳程度の謝礼」など。×は、謝礼などが少額すぎて、「申し訳ない」という気持ちが生んだ誤用か。

◉きちんと使えば周囲に一目置かれる言い方

×（自分のことは）棚上げにして→○棚に上げて

「棚に上げる」と「棚上げにする」は、意味の違う言葉。「棚に上げる」は、不都合なことにはふれないで、そのままにしておくという意味。一方、「棚上げにする」は、「面倒なことは棚上げにする」など、処理を先送りにするという意味。

×3人ずつペアになって→○3人ずつ組になって

ペアは二人（二つ）一組になること。むろん「4人ペア」も、それ以上の数字もペアの本来の意味から考えるとヘンな表現。

×〜ならない前に↓○なる前に

たとえば、「先生が来ない前に、○○しよう」ではなく、「先生が来る前に」が正しい。「夜が明けない前に」は「夜が明ける前に」、「赤信号にならない前に」は「赤信号になる前に」が○。

×成功裏のうちに↓○成功裏に

「裏」には「うち」という訓読みがあり、「成功裏に」は「成功のうちに」という意味。「成功裏のうちに」というと、「うちのうちに」という重語になってしまう。なお、「成功裡に」とも書き、「裡」にも「うち」という訓読み・意味がある。

×渾身の作品↓○渾身《こんしん》の力を込めた作品

「渾」には「すべて」という訓読みがあり、「渾身」は全身、満身という意味。だから、「渾身の作品」は「全身の作品」といっていることになり、意味が成立していない。「渾身の力を込めた作品」や「渾身の力を振り絞った作品」などと、言葉を補う必要がある。

×準備は万端↓○準備万端《じゅんびばんたん》ととのう

「万端」は、すべての事柄という意味であり、「準備は万端です」では、意味が成立していない。「準備万端とといのいました」や「準備は万全です」ならOK。

◉言い間違いに〝要注意〟のちょっと手強い日本語

×あたうる限り↓○あたう限り

○は「できるかぎり」という意味で、漢字で書けば「能う限り」。〝あたうる限り〟という誤用は、「与うる」と混同して生じたとみられる。

×雨に濡れそぼる↓○雨に濡れそぼつ

「濡れそぼつ」は、濡れてびしょびしょになるという意味。「そぼつ」は、漢字では

「濡つ」と書き、濡れるという意味の動詞。「濡れそぼつ」は、〝濡れる＋そぼつ〟と同義の言葉を重ねた強調表現といえる。

×類稀なき↓○類稀《たぐいまれ》なる

○は、ひじょうに珍しいという意味で、「類稀なる美人」などと使う。×の〝類稀なき〟は、「類稀なる」と「類なき」を混同した誤用だろう。

×華やかりし頃↓○華やかなりし頃

形容詞は、「若かりし頃」「遅かりし由良之助」などと使われる。ところが、「華やか」は形容詞ではなく、形容動詞であり、文語の終止形は「華やかなり」。そのため、「華やかなりし頃」といわなければならない。

×よかれわるかれ↓○よかれあしかれ

○は、漢字で書くと「善かれ悪しかれ」で、善悪にかかわらずという意味。また「善し悪し」を「よしわるし」と読む人がいるが、これも×。「善し悪し（よしあし）」が正しい。

×空前の灯火↓○風前の灯火《ともしび》

風が当たり、今にも消えそうな火。そこから、滅ぶ寸前であることを意味する語。聞き間違えて覚えると、〝空前の灯火〟と誤ることに。

×霊験あらかた↓○霊験《れいげん》あらたか

神仏の霊力がはっきりあらわれるさま。「あらたか」は、神仏の力や薬の利き目が著しいさまを表し、漢字では一字で「灼」と書く。一方、「あらかた（粗方）」は大半という意味なので、霊験に続けても意味をなさない。

◉言い間違いに〝要注意〟のかなり手強い日本語

×病魔をおして↓○病をおして

「病魔」は人を病気にさせる悪神。そんな怖い神様を「おす」ことはできない。「病魔」は「病魔に侵される」が定番の使い方。

×雲の合間↓○雲の切れ間

「合間」は、物事が途切れる短い〝時間〟を表す言葉であり、空間的な隙間にはふさわしくない。空間的な隙間は「雲の切れ間」「行列の切れ目」などと表すのが適切。

×大つもごり↓○大つごもり

大晦日のこと。「も」と「ご」がひっくりかえりやすいので注意。「つごもり」は、その月の最後の日のことで、陰暦では月末に月が隠れることから、「つきごもり」が転訛したとみられる。

×絶えまざる努力↓○弛《たゆ》まざる努力

「弛まざる努力」は「弛むことなく、努力しつづける」という意味。「絶えまざる」という言葉はなく、「絶え間なく」と「弛まない」を混同した言葉とみられる。なお、「絶え間ない努力」ならＯＫ。

×ねむけまなこ↓○ねぼけまなこ

「眠気」という語はあるが、〝眠気眼〟という言葉はない。正しくは「寝惚《ぼ》け眼」で、寝ぼけた目つきのこと。

×こぼれ日↓○こもれ日

木や葉の間から光がこぼれてくることはあるが、〝こぼれ日〟という言葉はない。木の間から漏れてくる光は「木漏《こも》れ日」。なお、「木漏れ日」は、英語や他の言語に意味の似た語がなく、日本人の感性を象徴する言葉ともいわれる。

◉どこが、どうして間違いか説明できますか

×祭日↓○祝日

「祭日」は、戦前は国家的な行事として行われていた皇室の祭祀《さいし》の日。戦後、「国民の祝日」が制定され、制度上の「祭日」はなくなっている。会話では、目くじらを立てるほどのことではないが、文章を書くときには使い分けに注意したい。

×神官↓○神職

「神官」は「官」の字がつくとおり、神に仕えることを職務とする「官吏」のこと。戦前の国家神道時代の呼称であり、戦後の日本に〝神社官僚〟はいない。

×叙勲者↓○受勲者、受章者

「叙勲」は勲章を授けるという意味。だから、勲章をもらった人（叙勲された人）のことを叙勲者というのは間違い。

×（お別れの会で）乾杯↓○献杯

お別れの会など、故人を悼む席で「乾杯」は禁句。「それでは、故人の遺徳をしのび、献杯いたしたいと存じます」のように、「献杯」を使うのが大人の語彙力。

×（娘の）晴れ姿↓○（お嬢さんの）晴れ姿

「どうぞ、娘の晴れ姿を見てやってください」というのは×。「晴れ姿」は他人をほめるための言葉であり、自分や身内に対しては使えない。

×外人墓地→○外国人墓地

ガイジンという言葉が差別的なニュアンスを含むため、近年は「外国人」が使われるようになっている。横浜や神戸の外国人用の墓地も、「横浜外国人墓地」や「神戸市立外国人墓地」が正式名称。

×処女航海→○初めての航海

新聞社などでは、初めてという意味で、「処女」という言葉は使わないことにしている。「処女小説」「処女作品」「処女峰」などは、少なくとも大手マスコミでは死語化している。

×東京駅駅長→○東京駅長

役職名に駅、所、署、館などが入るときは、その漢字を重ねないのが原則。×研究所所長→○研究所長、×警察署署長→○警察署長、×図書館館長→○図書館長という具合。これは、役所などの辞令にそう書かれていることが、そもそもの理由。

×官製はがき↓○郵便はがき

郵政事業の民営化後、「官製はがき」という言葉は使われていない。現在、日本郵便が発売しているはがきは「郵便はがき」。

×ひき逃げ事故↓○ひき逃げ事件

ひき逃げは、法律を故意に破る行為であり、マスコミでは「事件」と表現する。

×雪やこんこん↓○雪やこんこ

唱歌『雪』の歌詞は「雪やこんこ、霰《あられ》やこんこ」であり、「雪やこんこん」ではないので注意。この誤用の〝歴史〟は古く、「雪がこんこんと降る」という形容は、この誤用から生まれたとみられる。

◉ことわざ、慣用句、故事成語…定型表現の使い方のコツ1

×心臓から毛が生えている→○心臓に毛が生えている

図々しい、厚かましいという意味で、後者が正しい形。なお、この言葉はネガティブな意味の語であり、「度胸がある」という意味のほめ言葉として使うのは間違い。

×食べるに事欠く→○食うに事欠く

成句としては「食うに事欠く」が定型なので、下品な言葉だからといって、勝手に「食べる」に変えてはいけない。「巻き添えを食う」「待ちぼうけを食う」「わりを食う」などの「食う」も、同様に、「食べる」に置き換えることはできない。

×人は見た目によらぬもの→○人は見かけによらぬもの

人の能力や性格は外見からだけではわからないという意味。今は「人は見かけによらない」という形で使うことが多いが、「人は見た目によらない」は×。

×初心忘れるべからず↓〇初心《しょしん》忘《わす》るべからず

「忘れるべからず」と言うと現代語の「忘れる」と文語の「べからず」を同時に使うことになるのでNG。

×小異を残して大同につく↓〇小異を捨てて大同につく

「小異を捨てる」は、小さな意見の違いには目をつむり、大同団結するという意味。

×猫に鈴をつける↓〇猫の首に鈴をつける

引き受け手がないほど、難しいことのたとえ。出典は、イソップ童話。日本では、〇の形で成句になっているので、勝手に「首」をはぶくことはできない。

×人を呪わば墓二つ↓〇人を呪わば穴二つ

人に害をなそうとすると、自分も害を受けることになるという意味。この「穴」は「墓穴」のことではあるのだが、「墓二つ」としてはダメ。

◉ことわざ、慣用句、故事成語…定型表現の使い方のコツ②

×すまじきものは宮使い→○すまじきものは宮仕え

人に仕えるのは気苦労がたえないので、やめたほうがいいという意味。「宮仕え」は宮中で働くことで、現代では、会社などの組織に勤めることの比喩として使われている。「すさまじきものは宮仕え」も×。

×四十にして迷わず→○四十にして惑わず

『論語』にある孔子の言葉。四十歳になると、心惑うことがなくなったという意味。耳で覚えた音に頼って、「迷わず」と誤らないように。

×恨み骨髄に達す→○恨《うら》み骨髄《こつずい》に徹《てっ》す

骨髄に入り込むほどのひじょうに深い恨みを抱いているという意味。『史記』に由来する故事成句なので、「恨み骨髄に徹す」という形でしか使えない。「達す」や

「発す」は誤り。

×秋の夕日は釣瓶落とし↓○秋の日は釣瓶落《つるべお》とし

秋の日は、井戸の釣瓶がすとんと落ちるように、急速に沈んでいくという意味。沈むのは夕日だが、成句では「秋の日」。

×梅檀は双葉よりも芳し↓○梅檀《せんだん》は双葉《ふたば》より芳《かんば》し

「も」をはさんではダメ。この「より」は、時間経過を表す「より」であり、梅檀は双葉の頃からすでに芳しいという意味。「も」を入れると、梅檀と双葉を比較することになって、意味が変わってしまい、レベルの低い誤用になる。

×敵を知り己を知れば百戦危うからず↓○彼《かれ》を知《し》り己《おのれ》を知れば百戦殆《ひゃくせんあや》うからず

孫子の兵法のなかでも、最も有名なこの言葉は、後者が正しい形。漢文では「知彼知己者、百戦不殆」と書く。少なくとも、文章や改まった発言で引用するときは、正しい形で使ったほうがいい。「敵↓彼」だけでなく、「殆うからず」と書くことにも注意。

3

いい大人はそういう「重複表現」をしてはいけない

◉かなり恥ずかしい「重複表現」

×あらかじめ予約する→○予約する

「予め」で「あらかじめ」と読むので、前者は重複表現になる。「前もって予約する」も、重複表現といえるだろう。

×昨夜来→○夜来《やらい》

「夜来」は「昨夜から」という意味なので、「昨夜来」や「前夜来」は重複表現になる。

×いまだ未解決→○未解決

「いまだ」は漢字では「未だ」と書く。こう書けば、明らかな重複表現であるとわかるはず。「いまだ未納」や「いまだ未完」もＮＧ。

×思いがけないハプニング↓〇ハプニング

ハプニングは思いがけないことという意味なので、「思いがけないハプニング」は不用な形容をつけていることになる。

×互いに交換する↓〇交換する

口語ではよく使われているが、明らかな重複表現。文章ではＮＧ。

×すべて一任する↓〇一任する

「一任する」は、すべてを任せるという意味。単に「一任する」か、「すべてを任せる」が正しい日本語。

×上空を見上げる↓〇空を見上げる

口語では使いがちな言葉だが、漢字で書くと、重複表現であることは明らか。そもそも、「上を見上げる」からして、相当滑稽な重複表現。

×各自めいめい↓◯各自

「各自めいめい、考えてみてください」などというが、明らかな重複表現。会話では許容範囲でも、文章ではNG。

◉言葉を知っている人が気をつける「重複表現」

×留守を守る↓◯留守を預かる

口語では、つい使いがちな言葉だが、文章ではNG。単に「留守番する」と書いたほうが、まだマシ。

×一番最初↓◯一番

「一番」と「最初」は、同じ意味の言葉。「一番最初」を会話はともかく、文章に使うのはいただけない。「一番最後」「一番ベスト」「まず初めに」も文章ではNG。

×遺産を残す→○財産を残す

「遺」には「のこす」という訓読みと意味があり、「遺産を残す」は重複表現になる。少なくとも、文章では避けたい。

×孤立化させる→○孤立させる

「化」は、別のものになることを意味する接尾辞。「させる」と一緒に使うと、重複表現になることが多い。

×慎重に熟慮する→○熟慮する

「熟慮」は慎重に考えることなので、「慎重に熟慮いたしました結果」というお定まりのセリフは、〝重症〟の重複表現。短く「熟慮の結果」といえば、いいところ。

×初心者の方→○初めての方、初心者

「者」も「方」も人を表す語であり、両方一緒に使うと重複表現になる。たとえば

「保護者の方」は、「保護者の皆様」と言い換えるとよい。

×連敗を続ける↓○連敗する、連敗中

「連」のつく熟語、「連敗」「連勝」「連戦」「連投」「連射」「連写」「連騰」「連呼」などと「続ける」を組み合わせると、重複表現になる。「連勝する」など、単に「する」をつけてサ変動詞化するといい。

◉覚えておいて損のない「重複表現」

×日を追うごとに↓○日ごとに、日を追って

「日を追うごとに、容体が悪化する」などと使いがちだが、「日ごとに」か「日を追って」のどちらかで十分。

×挙式をあげる↓○結婚式をあげる

この「あげる」は「挙げる」と書くので、重複表現になる。「結婚式を挙げる」か、

「挙式する」が正解。

×収入が入《はい》る→○収入を得る

前者は、文字で書くと、誰もが重複表現と気づくだろうが、口語ではよく使われている表現。文章では、後者のように書くのが望ましく、会話では「収入がある」「給料が入る」といえば、重複を解消できる。

×春一番の風→○春一番

「春一番」は、春先に吹く強風のことであり、「風」という意味を含んでいる。

×後ろから羽交い締めにする→○羽交い締めにする

羽交い締めは、後ろからするもの。

×ひそかに私淑する→○私淑する

「私か」と書いて「ひそか」と読むので、×は「私かに私淑する」と書いていることになる。なお、「私淑する」は「私かに淑《よ》しとする」という意味。

◉意外に知らない「重複表現」

×JIS規格→○JIS、日本工業規格

JISは、Japanese Industrial Standards の略。日本語では、日本工業規格。Standards は「規格（標準仕様）」という意味なので、「JIS規格」という重複表現になる。

×せせらぎの音→○せせらぎ

「せせらぎ」は、川の浅瀬を流れる水音のことであり、「せせらぎの音」のように「音」と一緒に使うと重複表現になる。

×ハングル文字→○ハングル

ハングルは、朝鮮語の表記に用いられる文字。「大いなる文字」という意味であり、後ろに「文字」をつけるのは蛇足。また、あくまで文字の名前であり、朝鮮語のことを「ハングル語」というのは間違い。

×京都の洛北↓〇洛北

「洛」は、中国・唐の都「洛陽」のこと。それにならって、日本で「洛」というと京都を指し、「洛北」というだけで京都北部、「洛南」だけで京都南部という意味になる。なお、「京都に上京する」「東京に上京する」も「京」が重なった表現であり、×。

×御中元ギフト↓〇御中元

「御中元ギフトにぴったりの商品です」などと使いがちだが、いま御中元といえば夏の贈り物（ギフト）のこと。「御歳暮」も同様にギフトをつける必要はない。

4

言葉ひとつで、あなたの教養が試されている

◉いまどきの言い方、ご存じですか——世界の地理と歴史の言葉

×南氷洋→○南極海

南氷洋、北氷洋は旧称。新聞社などでは、今は南極海、北極海に統一している。

×ベニス→○ベネチア

イタリアの都市。かつてよく使われた「ベニス」は英語由来の名前。今は、イタリア語の音に近いベネチアを使う。さらに、現地音に近づけて、ヴェネツィアと書かれることもある。フィレンツェも、かつてはフローレンス（英語名）と呼ばれることがあった。

×メナム川↓○チャオプラヤー川

タイの中心部をながれる大河。かつての名、メナム川のメナムは普通名詞の川という意味。タイの人々が「メーナーム・チャオプラヤー」と呼んでいるのを聞いてメナムを川の名前と勘違いしたところから、広まった名。

×アウシュビッツ↓○オシフィエンチム

アウシュビッツは、ポーランド南部の都市オシフィエンチムのドイツ語名。現在は、地名としては、○を使う。ただし、収容所名は「アウシュビッツ強制収容所」。

×西サモア↓○サモア

南太平洋の島国。ラグビーの強豪国で、ファンにはかつては西サモアとして知られた国。１９９７年に、サモア独立国に改名した。

×マッキンリー山↓○デナリ

北米大陸の最高峰。かつては、アラスカをロシアから購入した当時の米大統領の名で呼ばれていたが、米国政府は２０１５年、現地でもともと使われてきた名に変更した。デナリとは先住民の言葉で、「偉大なるもの」という意味。

×グルジア↓○ジョージア

同国は、２００８年から、ロシア語由来の旧名「グルジア」から、英語由来の「ジョージア」への変更を日本政府にも要請していた。国際的にも「ジョージア」と呼ぶ国が増え、日本政府も２０１５年から「ジョージア」に呼称を変更した。

×ボンベイ↓○ムンバイ

インドの都市名。かつての「ボンベイ」は英語名であり、現地音に近づけるため、表記が改められた。ほかに、カルカッタはコルカタに、マドラスはチェンナイに変更されている。

×揚子江↓○長江

「揚子江」は、もともと「長江」の下流の一部を指す名前。それが欧米人に誤用され、日本でも河全体を指す名として使っていた。それを改め、今は「長江」と呼んでいる。「長江文明」「長江上流」など。

×エアーズロック→○ウルル

オーストラリアにある世界最大級の一枚岩。英国の探検家がつけた英語由来の名前から、先住民が呼んできた名前に変更された。

◉いまどきの言い方、ご存じですか――日本の地理と歴史の言葉

×大和朝廷→○ヤマト王権

奈良盆地を拠点とする古代政権は、3世紀後半には成立していたが、「大和」は8世紀から広く使われるようになった言葉。また、古代政権には「朝廷」と呼ぶにふさわしい政治体制が整っていなかった。そこで近年、学術書や教科書では「ヤマト王権」と書かれるようになっている。

×仁徳天皇陵《にんとくてんのうりょう》→○大仙陵古墳《だいせん》

学術的に、仁徳天皇の陵と断定できないため、学術書や教科書では「大仙陵古墳」と書かれるようになっている。旅行ガイドブックでも、「仁徳天皇陵（大仙陵古墳）」といった表記が増えている。「大山古墳」とも書かれる。

△西南の役→○西南戦争

かつては「西南の役」と呼ばれていたが、学術書では昭和40年代から、教科書では昭和50年代から、「西南戦争」と書かれるようになっている。明治時代の戦いであり、「～の役」という前近代的な呼称がふさわしくないと考えられたことが背景にある。

△元寇《げんこう》→○蒙古襲来《もうこしゅうらい》

「元寇」という言葉は、教科書から消えつつある。今、主流となっているのは「蒙古襲来」。なお、「元寇」は、蒙古襲来当時からある言葉ではなく、江戸時代に、徳川光圀の『大日本史』で初めて使われた言葉。

△源平合戦《げんぺいかっせん》→○治承《じしょう》・寿永《じゅえい》の乱

かつて「源平合戦」と呼ばれた戦いは、源頼朝を平家の北条氏が支えたように、源氏と平氏が入り乱れて戦った内乱。そこで近年、教科書では、年号を使った「治承・寿永の乱」という呼称が使われている。

×歯舞諸島→○歯舞群島

２００８年、国土地理院が変更。返還運動や教育現場で、双方の名が使われ、多少の混乱が生じていたため。

◉プロが教えるニュースの日本語の正しい使い方①

×国会が解散する→○衆議院が解散する

国会は、衆議院と参議院の二院で構成されているが、参議院に解散はないため、「国会が解散する」ことはない。解散するのは「衆議院」だけ。

×参議院総選挙↓○衆議院総選挙

「総選挙」は議員総《すべ》てを改選するという意味で、衆議院にしか使わない。半数ずつ改選する参議院選挙は、単に「選挙」か「通常選挙」と呼ぶ。

×法案が成立する↓○法律が成立する

成立した時点で、法案ではなく、法律になっているはず。「法案」を使う場合は「法案が可決される」で同じ意味になる。「予算」も同様で「予算案が成立する」は×。「予算が成立する」「予算案が可決される」が正しい。

×終戦記念日↓○終戦の日

終戦は、記念するようなことではないので、マスコミでは「終戦の日」という言葉を使っている。「原爆記念日」も使わず、「原爆の日」と呼んでいる。

×瞬間最大風速↓○最大瞬間風速

「瞬間風速の最大値」のことなので、最大が先にくるのが正しい。テレビ・ラジオでも間違って使われることが多く、一般の人も間違えて覚えるようになってしまった言葉。

◉プロが教えるニュースの日本語の正しい使い方 2

×異常乾燥注意報↓◯乾燥注意報

昭和の時代には「異常」がついていたのだが、昭和が終わる直前の1988年4月1日から「乾燥注意報」が使われている。

×熱帯性低気圧↓◯熱帯低気圧

「熱帯性低気圧」は、かつて使われていた言葉。今は「熱帯低気圧」に統一されている。

×休火山↓◯活火山

かつて100年以上噴火していない山は「休火山」と呼ばれていたが、1979年、

２０００年以上噴火していなかった山が噴火したこともあって、この呼称は廃止された。

×標高ゼロメートル地帯→○海抜ゼロメートル地帯

「標高」と「海抜」は同じ意味の言葉だが、「ゼロメートル地帯」と続けるときには、「海抜」を使うのがお約束。

どんな意味かわかりますか？
――日本語の誤解1

問題046

確信犯《かくしんはん》

問題047

破天荒《はてんこう》

問題048

天地無用《てんちむよう》

答え
046

□確信犯

本来の意味は、「政治的・宗教的な確信にもとづいて行う犯罪（者）」だが、文化庁の「国語に関する世論調査」によると、その正しい意味を知っていたのはわずか17・0％で、69・4％もの人が「悪いことは知りつつ、行う犯罪（者）」と思っていた言葉。

答え
047

□破天荒

本来の意味は「誰も成しえなかったことをすること」。それなのに、前項と同じ「調査」では、64・2％の人が「豪快で大胆な様子」という意味だと思っていた言葉。

答え
048

□天地無用

本来は「上下を逆にしてはいけない」（55・5％）という意味だが、29・2％の人が、逆の意味の「上下を気にしないでいい」という意味だと思っていた言葉。

どんな意味かわかりますか？
——日本語の誤解2

問題 049

さわり

問題 050

憮然《ぶぜん》

問題 051

割愛《かつあい》する

答え
049

□さわり

本来の意味は「話などの要点」。ところが、59・3％もの人が「話などの最初の部分」だと思っていた言葉。

答え
050

□憮然

本来の意味は「失望してぼんやりしている様子」なのに、69・4％もの人が「腹を立てている様子」だと思っていた熟語。

答え
051

□割愛する

本来の意味は、「惜しいと思うものを手放す」ことだが、そう思っていたのはわずか17・6％で、それをはるかに上回る65・1％もの人が「不必要なものを切り捨てる」という意味だと思っていた言葉。「愛」には「おしむ」という意味がある。

どんな意味かわかりますか？
——日本語の誤解③

〈使い方〉

問題 052

やぶさかでない

問題 053

噴飯《ふんぱん》もの

問題 054

すべからく

答え
052

□やぶさかでない

本来の意味は「喜んでする」だが、43・7%もの人が「仕方なくする」という意味だと思っていた言葉。

答え
053

□噴飯もの

本来の意味は「おかしくてたまらない」ことだが、そう思っていた人はわずか19・7%で、49・0%もの人が「腹立たしくてしかたがない」という意味だと思っていた言葉。噴飯と憤慨を混同してのことか。

答え
054

□すべからく

本来は「当然」「ぜひとも」(41・2%)という意味だが、38・5%の人が「すべて」「みな」という意味だと思っていた言葉。「すべて」との混同とみられる。

どんな意味かわかりますか？
——日本語の誤解4

〈使い方〉

問題055

姑息《こそく》

問題056

敷居《しきい》が高い

問題057

ぞっとしない

答え 055

□姑息

本来の意味は「一時しのぎ」だが、69・8%もの人が「ひきょうな」という意味だと思っていた言葉。「姑息な手段」はひきょうな手段ではなく、一時しのぎの手段。

答え 056

□敷居が高い

本来の意味は「相手に不義理をして、行きにくい」なのに、45・6%の人が「高級すぎたり、上品すぎたりして、入りにくい」という意味だと思っていた言葉。

答え 057

□ぞっとしない

本来の意味は「面白くない」(31・3%)だが、それを上回る54・1%もの人が「恐ろしくない」という意味だと思っていた言葉。

どんな意味かわかりますか？
――日本語の誤解5

問題058

御《おん》の字《じ》

問題059

琴線《きんせん》に触《ふ》れる

問題060

潮時《しおどき》

答え 058

□御の字

本来の意味は「大いにありがたい」。「調査」では、51・4%の人が「一応、納得できる」という意味だと思っていた言葉。

答え 059

□琴線に触れる

「感動や共鳴する」（38・8%）ことだが、31・2%の人が「怒りを買う」ことだと誤解していた言葉。

答え 060

□潮時

本来は「ちょうどいい時期」（60・0%）という意味だが、36・1%の人が「ものごとの終わり」という意味だと思っていた言葉。

どんな意味かわかりますか？
——日本語の誤解⑥

問題 061

失笑《しっしょう》する

問題 062

雨模様《あまもよう》

問題 063

手《て》をこまねく

答え
061

□失笑する

本来の意味は「こらえきれず吹き出して笑う」だが、60・4％もの人が「笑いもでないくらいあきれる」という意味だと思っていた言葉。

答え
062

□雨模様

本来の意味は「雨が降りそうな様子」だが、47・5％もの人が「小雨が降ったりやんだりしている様子」という意味だと思っていた言葉。

答え
063

□手をこまねく

本来の意味は「何もせずに傍観していること」（40・1％）だが、それを上回る45・6％もの人が「準備して待ち構える」という意味だと思っていた言葉。「手ぐすねをひく」と混同してのことか。

その日本語の使い方、どこが間違っているの？ 1

問題 064

×圧倒的に不利な

問題 065

×期待倒れ

問題 066

×預金を切り崩す

答え
064

□ひじょうに不利な

「圧倒的」は、他とかけはなれて、甚だしいさま。「圧倒的な勝利」など、ポジティブな形容にふさわしく、「圧倒的に弱い」など、ネガティブな形容に使うのは不適切。

答え
065

□期待外《はず》れ

「期待倒れに終わったね」などという人が多いのは、「看板倒れ」と混同してのことか。それをいうなら「期待外れ」。

答え
066

□預金を取り崩す

「取り崩す」は、少しずつ取り去ることで、預金や貯金にはこちらが適切。一方、「切り崩す」は、敵などの力を分散させ、勢力を削ぐこと。「反対勢力を切り崩す」など。

大人の語彙力が
ズバリわかる
100問テスト

〈使い方〉

その日本語の使い方、どこが間違っているの？ 2

問題 067

×寒さのピーク

問題 068

×異存は出なかった

問題 069

×冬も深まる

答え 067

□一番の寒さ　□寒さの底

「ピーク」は頂上のことであり、最も高い状態を意味する言葉。気温が最も〝低い〟ことの形容には似合わない。

答え 068

□異議は出なかった　□異存はなかった

「会議で、異存は出ませんでしたよ」などといってはダメ。「異存」は、反対と思う気持ちのこと。それを口に出すのは「異議」。

答え 069

□秋も深まる

「深まる」に似合う季節は「秋」。また、「春もたけなわ」や「夏真っ盛り」は定型表現だが、「春真っ盛り」や「夏もたけなわ」というのはいかがなものか。

その日本語の使い方、どこが間違っているの？ ③

問題 070

×お茶漬けをする

問題 071

×偽善者ぶる

問題 072

×思いもつかない

問題 073

×きめこまやか

答え070

答え071

答え072

答え073

□お茶漬けをかきこむ

「すする」のは、麺類や味噌汁などの汁物。お茶漬けは、かきこむもの。

□善人ぶる

「偽善者」は、善人らしく見せかけている人のことであり、「～ぶる」ようなものではない。善人ぶっているのが、偽善者。

□思いもよらない

「思いつかない」という言葉はあるが、「思いもつかない」という言葉はない。

□きめこまか

漢字で書くと「きめ細か」。「細やか」は「こまやか」と読むが、「細か」は「こまか」。そもそも「きめこまやか」という言葉はない。

◀続きは251頁から

特集1

語彙力は語源で増やす！

〈気になる日本語編〉

◉語源を知れば、使える言葉がどんどん増える1

□名残《なごり》

「名前が残る」と書くのは？

「なごり」は「波残り」が変化した言葉。「波残り」は、波が引いた後に残った海藻や海水を意味し、そこから物事が過ぎ去った後の余韻を表すようになった。中世以降、「名残」と当て字されて「名残惜しい」などの言葉が派生した。

□岳父《がくふ》

義父を「岳」にたとえるのは？

「岳父」は妻の父のことで、「義父」以上にあらたまった表現。中国に「岳婿山《がくしょざん》」という山があり、この山名では「岳」が「婿」の上にあることから、妻の父を「岳父」と呼ぶようになったという説がある。

□標榜《ひょうぼう》

「標」「榜」って、どういう意味？

昔の中国では、札に書き記して掲げ、大勢の人に知らせることを「標榜」といった。やがて、この言葉に、現在のような主義、主張を掲げ示すという意味が生じた。なお、「標」には「しるし」、「榜」

には「たてふだ」という訓読みがある。

□市井《しせい》

なぜ〝井戸〟が出てくるのか?

「市井」は、世の中や巷《ちまた》という意味。この書き方は、かつては「井戸」(水の湧くところ)のまわりに人が集まり、やがてそこに「市」ができたことに由来する。

□えも言われぬ

この「えも」を漢字で書けますか?

「得も」と書き、否定語を伴って「とても〜できない」という意味になる。「得も言われぬ」は、「とても言葉で表現することはできない」という意味。

□海千山千《うみせんやません》

この二つの「千」が意味していることは?

蛇のような下等な生き物でも、海に千年、山に千年も住むと、龍になるという中国の伝説に由来する言葉。そこから、世故に長けた経験豊かな人、さらには、多少の悪事も辞さない、したたかな人物を「海千山千」と呼ぶようになった。

□お歴歴《れきれき》

この「歴」は「歴史」という意味ではない

「お歴歴」は、家柄や社会的地位の高い

人々を意味する言葉。「歴」には「明らかに」という意味があり、由緒が〝明らかな〟家柄など、身分が明らかな人々のことを「お歴歴」という。

◉語源を知れば、使える言葉がどんどん増える 2

□拠出《きょしゅつ》

この「拠」には、どんな意味がある?

「拠」の訓読みは「拠《よ》る」で、この意味では「拠出」という熟語の意味は成立しない。それもそのはずで、戦前までは「醵出」と書いたのだが、「金を出しあう」という意味の「醵」が当用漢字・常用漢字に採用されなかったため、「拠出」という書き方で代用され、それが定着したというわけ。

□食傷《しょくしょう》

どんな「傷」か?

「食傷」は、本来は胃にもたれることを意味する。それは、食べ飽きたからでもあり、そこから、同じことを繰り返されて嫌になることを意味するようになった。

□やんごとなし

漢字で書けますか?

そもそもは「止む事無し」で、もとは

「そのまま放ってはおけない」という意味。放っておけないのは特別な存在であることから、貴人の形容に使われるようになった。

◉語源でわかる！さりげない日本語の使い方

□一抹《いちまつ》
「抹」って、どういう意味？

「抹る」で「する」と読み、「一抹」のもとの意味は、墨などをつけた筆でひとなすりすることだった。そこから「わずか」という意味が生じ、「一抹の不安」「一抹の寂しさ」などと使われている。

□横領《おうりょう》
横と書くのは？

人の物を不法に自分のものにすること。もとは「押領」と書いたのだが、それに「横」の字を当てたのは、横取りというイメージがあるからか。

□おずおず
漢字で書けますか？

漢字では「怖づ怖づ」と書き、恐れたり、遠慮しながら振る舞うさま。なお、「おめおめ」は「怖め怖め」と書く。こちらは「怖《お》む」を重ねた言葉で、「恥であるとはわかっていても」という意味。

□草々

手紙の末尾に「草」が登場するのは?

もとは「あわてる様子」で、粗略なことを詫びる言葉として、手紙の末尾に使うようになった。「取り急ぎ、走り書きしました」という意味なので、同様の意味を含む「前略」とセットで使われる。

□落伍《らくご》

この「伍」は「五」とは、まったく意味が違う漢字

「伍」は、古代中国の兵制で、5人一組の単位を意味する。そこから脱落することが「落伍」。また、それがきちんと並んだ隊列を「隊伍」という。

□大儀《たいぎ》

この「儀」の意味は?

もとは、文字どおり、「重大な儀式」という意味。そのような儀式は、なにかと厄介であることから、面倒という意味が生じ、「大儀に思う」「大儀じゃ」などと使うようになった。

□溌剌《はつらつ》

「溌」と「剌」の意味は?

「溌」も「剌」も、飛び跳ねるさまを意

味する。そこから、「溌剌」は元気溢れるさまを意味するようになった。なお、「刺」は「剌」とは違う漢字なので注意。

□覿面《てきめん》

「覿」の意味するところは？

「覿」には「見る」という意味があり、「覿面」は、はっきりとした結果が〝目に見える〟ことを意味する。「効果覿面」「天罰覿面」などと使われる。

□薫陶《くんとう》

これで「人を育てる」という意味になるのは？

「薫」は香をたきこめることで、香りをしみこませるように、影響を与えること。「陶」は陶器をつくることで、焼き物を成型するように、人間形成するという意味。そこから、「薫陶」は、徳によって人を感化し、育てるという意味になった。今は、「薫陶を受ける」と受け身の形で使うことが多い。

◉語源でわかる！微妙な日本語の使い方

□五月晴《さつきば》れ

今と昔では、まったくニュアンスが違う言葉

「五月晴れ」というと、今は、5月の見事に晴れ渡った空を意味するが、江戸時

代までの陰暦の5月は今の6月にあたり、梅雨の時期。そのため、「五月晴れ」は、梅雨の合間に、まれに晴れることを意味する言葉だった。また、「五月雨《さみだれ》」も梅雨と関係し、その時期の長雨を指す言葉だった。

□暗転《あんてん》

dark change から「暗転」に

明治時代、西洋演劇を導入する際、英語の dark change の訳語として「暗転」が使われるようになった。演劇用語の「暗転」は、幕は下ろさないまま、舞台が暗くなること。それが、一般社会では「事態が悪くなる」という意味で使われている。

□修羅場《しゅらば》

インドの神様「阿修羅」との関係は？

「修羅」は、阿修羅の略。阿修羅はもとはインドの神であり、その本質的な性格が「戦いの神」であることから、「修羅場」は激しい戦闘の場を意味する語になった。

◉日本語の意味は、語源から考えるとよくわかる

□やにわに

漢字で書くと「庭」が出てくるのは？

漢字では「矢庭に」と書き、「矢庭」は

矢の飛び交う場所、つまりは戦場を意味する。戦場では、すばやい行動が求められるところから、「即座に」という意味になった。

□すんでのこと

「すんで」って何のこと？

「既《すで》の」が「すんでの」と変化したとみられている。「もう少しのところで」という意味。

□一概《いちがい》に

「概」は、棒の名前

「概」には「とかき」という訓読みがある。「とかき」は「斗掻」とも書いて、米などの量をはかるとき、平らにならす棒を意味する。そこから、「一概」は、ひとならしすることを意味し、やがて「おしなべて」という意が生じた。

□むろん

「もちろん」とは、どう違う？

いうまでもなく、という意。漢字では「無論」と書き、「論ずること無し」（論ずるまでもない）という意味。「もちろん」も、今は同じ意味で使われているが、漢字では「勿論」と書き、もとは「論ずる勿れ」（論じてはいけない）という、

「無論」とは微妙に意味の違う言葉だった。

□てんでに

もとは「手に手に」

「手に手に」が変化した言葉で、「各自で」という意味。「てんでばらばら」は、それに「ばらばら」がついて、意味を強調した言葉。

□なけなし

「なけ」ってどういう意味？

「なけ」（無いの未然形の古い形）に、程度がはなはだしいことを表す「なし」がついた形。意味は、まったくないことではなく、「まだ少しは残っている状態」。「なけなしの金を差し出す」などと使う。

□とつおいつ

「あれこれ迷う」の意味になるのは？

「取りつ置きつ」の音便形。手に取ってみたり、置いたりするさまから、「あれこれ迷う」ことの形容に使われる。

□つれない

どうして「冷淡」という意味になる？

「連れ＋無し」で、もとは関係がない、関連がないという意味。そこから、無関心、冷淡という意味に広がった。

□わくわく

動詞の「わく」を重ねたという説が有力

動詞の「わく」を二つ重ねた言葉とみられる。「わく」という動詞は、「興味がわく」「関心がわく」など、気持ちが動くという意味で使われる。そこから、「わくわく」は、期待や喜びで、落ちつかないさまを表すようになったとみられる。

□すこぶる

もとは「少し」＋「ぶる」!?

「ぶる」は漢字で書くと「振る」で、「大人振る」「いい人振る」など、様子を表す言葉。「すこぶる」は「少し＋ぶる」で、もとは「ちょっと」という意味だったが、やがて「大いに」という意味に逆転したとみられる。

□とどのつまり

「とど」って何のこと？

この「とど」は、魚のボラの別名。ボラは、成長するにつれて名前が変わる出世魚であり、「ハク」「スバシリ（オボコ）」「イナ」「ボラ」と名前を変え、最後には「トド」と呼ばれるようになる。ボラが最後には「トド」になることから、物事のおしまいを意味する「とどのつまり」という言葉が生まれた。

□さめざめ

泣く様子を表すようになった経緯は？

「さめざめと泣く」など、涙を流して泣くさまの形容に使われる。「小雨《さめ》」を二つ重ねた「小雨小雨《さめさめ》」に由来するとみられる。

◉語源を知っているからこそ漢字で書ける

□せいぜい

漢字で書けますか？

漢字では「精精」「精々」と書き、本来は精一杯、力のかぎりという意味。今は、「せいぜい1万円もあれば」など、上限、限界を表す意味で使われている。そのため、人に対して「せいぜい、頑張ってください」というと、失礼な語感が生じるようになっている。

□うそ寒い

この「うそ」を漢字で書くと？

「嘘」ではなく「薄」と書き、「うっすら寒い」という意味。かつては、この意味の「うそ」がつく形容詞がよく使われ、「うそ甘い」はほんのり甘い、「うそさびしい」はどことなくさびしいという意味。

□とびきり

漢字で書くと？

「飛び切り」と書く。この語は、もとは剣術で、高く飛び上がりながら、斬る技のこと。目をみはるような大業であることから、人並はずれたすばらしい様子を意味するようになった。

□しっぺい返し

「しっぺい」を漢字で書けますか？

漢字では「竹篦」と書く。禅寺で座禅を組むとき、邪念を払うために、禅僧が座禅者の背中をバシッと叩く例の杖のことだ。その竹篦を使った言葉が、ある仕打ちに対して仕返しすることを意味するのは、仏教思想の因果応報が関係しているという見方もある。

□しのつく雨

「しのつく」を漢字で書くと？

「しのつく雨」は、大粒で勢いよく降ってくる雨のこと。漢字で書くと「篠突く雨」で、篠竹（細い竹）が地面に突き立つような勢いで降ってくる雨という意味である。

◉知っているだけでちょっと自慢できる日本語の語源 1

□月並《つきなみ》

正岡子規がつくり、夏目漱石が広めた言葉

明治時代、俳人の正岡子規は、月例の句会で詠まれているような平凡な句を「月並調」と批判した。この造語を世間に広めたのは、子規の友人の夏目漱石だった。漱石が小説の中でこの語を使ったことから、「月並」は広まり、今も使われる言葉として生き残った。

□合点《がってん》

もともと、どんな世界の言葉？

「合点」は、もとは短歌や俳句の会で、自分がいいと思う歌や句につける印のこと。人の歌や句をみて、いいと思うものには合点をつけ、劣っている歌や句には合点をつけなかったところから、「合点がいく」「合点がいかない」という言葉が生まれた。

□いまわのきわ

漢字で書けますか？

漢字で書くと「今際の際」で、死ぬ寸前という意味。「今際」は「今は限り」の略で、もうこれ限り、これで終わりといった意味。「今際の際」は、重複表現のようにもみえるが、一種の強調表現と解釈されている。

□牙城《がじょう》

なぜ「牙」と書くのか？

立てこもるための根拠地のことで、この牙は「象牙」を意味する。昔の中国では、大将旗に象牙を飾り、「牙旗」と呼んだ。「牙旗」は大将のいる本拠地に掲げられたことから、〝牙旗のある城〟という意味で「牙城」という言葉が生まれた。

□白兵戦《はくへいせん》

なぜ「白」と書くのか？

刀や剣、槍などの武器を用いた接近戦のこと。この「白」は、何も施していない〝そのまま〟という意味。また、「兵」は兵隊ではなく、武器を意味する。

◉知っているだけでちょっと自慢できる日本語の語源 2

□総花式《そうばなしき》

「総花」ってどんな花のこと？

「総花」はもとは花柳界の言葉で、使用人全員に祝儀を与えることである。そこから、すべての関係者に恩恵や利益を与えるやり方を「総花式」というようになった。

□望蜀《ぼうしょく》

何を「望」んでいるのか？

ひとつの望みをかなえると、すぐに次の望みをいだくこと。後漢の光武帝が隴《ろう》の国を平定するとすぐに、より広い国の蜀を望んだという故事に由来する言葉。

□薄暮《はくぼ》

薄暗くなるから、薄暮というわけではない

この「薄」は「近づく」という意味で、夕暮れが近づく時間帯のこと。なお、「肉薄」の「薄」にも近づくという意味があり、危険をかえりみることなく、敵に接近するさま。

□氷雨《ひさめ》

本来は〝冷たい雨〟という意味ではない

かつてのヒット曲の影響もあるのか、今は「晩秋や初冬に降る冷たい雨」という意味で使われることが多いが、本来は「雹《ひょう》」のこと。雹は初夏に降ることが多いので、俳句では「氷雨」は夏の季語になっている。

□注力《ちゅうりょく》

実は意外に新しい言葉

文字どおり、力を注ぐという意味で、1

990年代から使われはじめて、定着した言葉。比較的、新しい言葉を掲載する三省堂の辞書でも、初めて載ったのは1998年版。21世紀に入ってから、日本語として定着した言葉といえる。

□旅烏《たびがらす》

渡り鳥ではないカラスにたとえるのは？

「旅烏」は、旅から旅へと渡り歩く人のこと。カラスは渡り鳥ではないのだが、それでも「烏」を使うのは、「カラ巣」(巣をカラにする) にかけたシャレという説が有力。

□いとし

漢字で「いと疾し」と書くのは？

『仰げば尊し』の歌詞には、「思えばいととし、この年月」というフレーズが登場する。この「いととし」を漢字で書くと「いと疾し」で、「いと」は「非常に」、「疾し」は「速い」という意味。というわけで、「思えばいととし」とは、「回想すると、時のたつのはひじょうに早かった」という意味。

□とうの昔

この「とう」、漢字ではどう書くでしょう？

「疾うの昔」と書く。「疾し《と》」は時の進み

方が速いことで、その連用形の「とく」が変化して「とう」になった。「とうに」「とうから」の「とう」も、この「疾う」。「とっくに」も、「疾し」の変化形に格助詞の「に」がついて、ずっと前にという意味になった。

□意趣返し《いしゅがえし》

何を「返す」こと?

「意趣」は、もともとは心の趣き、意向という意味。ところが、だんだんと「恨み」という意味で使われるようになり、「意趣返し」で恨みを晴らす、復讐するという意味になった。

□筆《ふで》のすさび

「すさび」って、何のこと?

この「すさび」は「荒び」ではなく、「遊び」と書く。「筆の遊び」は、気の向くままに、思い浮かぶことを書くこと。おもに、自分の文章を「ほんの筆のすさびです」などと謙遜するときに使う言葉。

Step3

日本語の「書き間違い」を避けるにはコツがいります

この章には、書き間違いやすい言葉を集めました。書けそうで書けない日常の言葉、慣用句、四字熟語、カタカナ語……。次の言葉の書き方の間違いを指摘できますか？

×出食わす

×単３型の電池

×しらす台地

×原価償却

×フューチャリング

1

基本の日本語ほど「書き間違い」が多い理由

◉どういうわけか書き間違える日本語

×かって↓◯かつて

口語では〝かって〟と促音にしがちだが、「かつて」が正しい表記なので、文章ではこう書きたい。ワープロソフトでも、「かつて」は「嘗《かつ》て」「曾《かつ》て」と変換されるが、「かって」は「勝手」になるだけ。

×どおりで↓◯どうりで

「言葉どおり」「評判どおり」など、「どおり」と書く言葉が多いので、文章を書き慣れている人でも、間違いやすい言葉。「どうりで高いはずだ」などというときは、漢字で書くと「道理で」なので、「どうり」と書くのが正しい。

×隣り↓○隣

政府は、送り仮名に関して「送り仮名の付け方」を内閣告示し、ガイドラインを示している。「隣」は、その告示で、送り仮名をつけない例としてあげられている言葉。ほかに、頂《いただき》、卸《おろし》、係、話、光、巻、折なども、名詞として使う場合には、送り仮名をつけないとされる。なお「隣り合う」など、動詞として使う場合には、送り仮名をつける。

×日付け↓○日付

送り仮名に関する内閣告示は「複合語のうち、次のような名詞は、慣用に従って、送り仮名をつけない」として、言葉を例示している。「日付」はその一例で、ほかに番付、売上、貸付、繰越、小売、積立、取扱、見積、夕立、植木などがあげられている。むろん、名詞として使う場合に限った話で、動詞化すると「貸し付ける」「繰り越す」などと書く。

×池の回り→○池の周り

「まわり」は「回り」と書くことが多いが、外周を意味するときには「周り」を使う。「皇居の周り」「ビルの周り」など。

×と言えども→○と雖も、といえども

「いえども」は、「いふ」の已然形に助詞の「ども」がついた言葉。漢文の「雖」の訓読に使われて広まり、漢字では「雖も」と書く。現在では「いえども」とひらがなで書くのが普通。

×事さら→○殊更、ことさら

わざわざ、故意にという意味。「殊更《ことさら》ぶ」（わざとらしく見えるという意味）という古語があり、それが現代に残った形なので、漢字で書くとすれば「殊更」。ただし、今ではひらがなで書くのが普通。

◉書けそうなのに書けない日本語

×吐け口↓◯はけ口、捌《は》け口

漢字では「捌け口」と書く。また、「捌く」は「さばく」とも読むが、「捌け口」を「さばけ口」と読まないように。

×うるさ方↓◯うるさ型

何でも文句をつけたがる人のこと。人を指す言葉なので「方」と誤りやすい。続けて打つと、正しく変換される。

×玉に傷↓◯玉に瑕

すぐれたものに、欠点があるさま。この「玉」は、宝石のこと。「瑕」は、傷だけでなく、曇りや汚れを含めたさまざまな欠陥を表す。

×卑しくも↓◯いやしくも、苟も

「苟も◯◯ともあろう者が」などと使う。「苟も」は、今はひらがなで書くのが普通。

×お角違い↓◯お門違い

この「門」は、家の意味。そこから、個人の意味に広がり、「お門違いのお尋ねのようですが」などと使われている。

×明からさま↓◯あからさま

「隠さずに」「露骨な」という意味のこの言葉は、×のようには変換されないはず。漢字では「白地《あからさま》」という特殊な書き方をする。

×プラス志向↓◯プラス思考

「マイナス思考」の反対語であり、「思考」を使う。一方、「権力志向」や「上昇志向」は「志向」。

×真っしぐら↓○まっしぐら、驀地
漢字では「驀地」と書き、「真」という漢字は登場しない。

◉どうせならキチンと書きたい日本語

×こじんまり↓○こぢんまり
こぢんまりは、接頭語の「こ」＋「ちんまり（小さくまとまっているさま）」が濁音化した言葉。もととなる語は「ちんまり」なので、「こぢんまり」と書く。

×至難の技↓○至難の業
成就させることが、ひじょうに難しい事柄。「むずかしいワザ」という意味ではないので、「技」と書いてはダメ。

×引いては↓○延いては、ひいては
「ひいては、○○にも影響する」などと使う「ひいては」は、漢字では「延いては」

と書く。ただし、難読なので、ひらがなで「ひいては」と書くのが一般的になっている。

×（セーターの）網目→○編み目

編み目が網目のようになっていることもあって、一度変換ミスをすると、あとで校正しても気づきにくい誤用。

×崖っ淵→○崖っ縁

「淵」と「縁」は、意味の違う言葉。「淵」は「瀬」（浅いところ）の反対語で、水を深くたたえている場。一方、「縁」はもののへり、はしを意味する。「崖っぷちに立たされる」などと使う「崖っぷち」には、もののはしである「縁」がふさわしい。

×ご最も→○ご尤も、ごもっとも

「ごもっともです」は、「そうおっしゃるのも当然です」という意味。書くときは、「ご最も」は×で、「ご尤も」と書く。ひらがなで「ごもっとも」と書くのが無難。

◉大人がハマってしまう言葉の〝落とし穴〟

×如何なく→○遺憾なく

「如何ともしがたい」（どうしようもないという意）とは書くが、「如何なく」と書く言葉はない。「遺憾なく」は心残りなくという意味で、「遺憾なく、力を発揮されたい」などと使う。

×法に即して→○法に則して

「則して」は「のっとって」という意味。一方「即して」はぴったりつくという意味で、「実情に即して」などと使う。「そくして」と打つと「即して」が先に出てくることが多いので、「のっとって」という意味で使うときには注意。

×初期の目的→○所期の目的

「所期」は「期待している所の」という意味。現在では、ほぼ「所期の目的」という形でしか使われない言葉。始まりに近い時期を意味する「初期」とは、違う意味なので注意。

×先立つ不幸→○先立つ不孝

親に先立つのは不幸なことではあるが、前者のように書いてはダメ。親より先に死ぬ逆縁ほどの親不孝はないという意味であり、「先立つ不孝」と書く。「先立つ不孝をお許しください」など。

×享年△歳→○享年△

後者のように「歳」はつけないのが正しい。「年を享《う》くること△」という意味なので、「歳」をつけると重複表現になってしまう。「行年《こうねん》△」も同様で、「歳」はつけない。

×到着しだい→○到着ししだい

この「しだい」は、漢字では「次第」と書く。「○○がすんだらすぐに」という意味で、動詞の連用形の後ろにつく。見出し語の「到着」は名詞なので、文法上正しい言葉にするためには、「し」をつけてサ変動詞（「到着する」など、漢熟語に「する」をつけて動詞化した語）にする必要がある。ただ、「し」がふたつ続くと発音しにくいため、前者のようにいう人が多いのが現実。文章に書くときは、後者のように書くのが望ましい。

△したがいまして↓◯したがって

「したがって」は古くから、この形で使われてきた接続詞。そのため、放送局では、「したがいまして」とですます調にするのは、ＮＧとしている。同様に、「続いて」もこれが定型の言葉なので、「続きまして」とは言わないようにしている。ただし、専門家の間にも、丁寧表現として認められるという意見もある。

◉気にしていないと間違える〝落とし穴〟

×一貫の終わり↓◯一巻の終わり

物事の決着がつくこと。語源は、一巻の物語が終わること。なお、この言葉はバッドエンドに限って使い、ハッピーエンドには使わない。

×乗るか反るか↓○伸《の》るか反るか

「伸るか反るか」とは、指がまっすぐ伸びるか、反り返るかという意味。ただし、「伸る」と書くと、今では「のる」と読めない人が増え、誤記とも思われかねないので、「のる」とひらがなで書くのが無難。

×悲愴な決意↓○悲壮な決意

悲しみながらも、勇ましさが感じられるときは「悲壮」を使う。一方、「悲愴」の「愴」には「いたましい」という訓読みがあり、決意の形容には似合わない。なお、チャイコフスキーの交響曲のタイトルは『悲愴』のほう。

×例え雨が降ろうが↓○たとえ雨が降ろうが

「たとえ」は、大手マスコミでは、おおむね「例え」と書いてOKということになっている。ところが、現実は、もう少し微妙で面倒。見出し語の「たとえ」(もし

～ならばという意味）は、本来は「仮令」と書くため、「例え」と書くと間違いと感じる人もいるので、ひらがなで「たとえ」と書いたほうがいい。また「例え話」も、「譬え話」のほうがしっくりくる書き方なので、「たとえ話」をおすすめしたい。接続詞の「たとえば」は「例えば」でもＯＫ。

×金の成る木↓◯金《かね》の生《な》る木

木の実にたとえているのだから、「生る」と書くのが正しい。あるいは「金のなる木」とひらがなで。

◉基本動詞なのに、書き間違えてしまう漢字 1

×立たずむ↓◯佇む、たたずむ

「たたずむ」には「佇む」という〝専用漢字〟があるので、「立たずむ」と書くことはできない。「佇む」は難読なので、ひらがなで書くとよい。

×空んじる→○諳じる、そらんじる

○は「詩の一節を諳じる」など、暗記していることを口にすること。難読の専用漢字があるため、ひらがなで書くのが普通。

×当てがう→○あてがう、宛がう

漢字では「宛がう」、あるいは「宛行う」と書くので、「当」の字は使えない。「宛行扶持」で、「あてがいぶち」と読む。

×聴こえる→○聞こえる

「聴く」は「ラジオを聴く」「音楽を聴く」など、自分の意思で注意してきく場合にかぎって使う書き方。しぜんに「きこえる」場合には、使えない。

×見い出す→○見出す、見いだす

「みいだす」は、見るの連用形「み」＋「出《い》だす」なので、漢字では「見出す」と書く。ただし、これでは〝みだす〟と読まれかねないので、近年は「見いだす」とひらがなで書くことが多くなっている。

×こずく↓○こづく

「ず」と「づ」の使い分けは、とかく厄介だが、この語は漢字で書くと「小突く」なので、「こづく」と書く。「小突き回す」も「こづきまわす」。

×（噴煙が）立ち上《あ》がる↓○立ち上《のぼ》る

噴煙、煙、香りは「立ち上る」もの。人は「立ち上がる」もの。ほかに、プロジェクトや事業は「立ち上げる」もの。

×祟る↓○崇《たた》る

「崇」と「祟」は、違う漢字なので注意。ワープロ時代になって減ってはいるものの、かつては両者を混同した誤植をよく見かけた。「崇」は「崇める」と送り仮名を送って「あがめる」と読むが、〝崇る〟という言葉はない。一方、「祟る」は「たたる」と読む。

×嘘ぶく→○嘯く、うそぶく

大きなことをいうこと。嘘をつくという意味はなく、「嘘ぶく」と書いてはダメ。とはいえ、「嘯く」は難読なので、「うそぶく」とひらがなで書くのが無難。「高らかに嘯く」など。

◉基本動詞なのに、書き間違えてしまう漢字②

×膝まずく→○跪く、ひざまずく

プロのライターも駆け出しの頃、一度は「膝まずく」と書いて叱られ、体で覚える言葉。「跪く」という〝専用漢字〟があるので、「ひざ」だけを漢字にすることはできない。とはいえ、「跪く」は難読なので、プロの書き手は「ひざまずく」とひらがなで書くのが普通。

×出食わす→○出くわす

「でくわす」は、漢字では「出会す」と書く。ただ、特殊な読み方であるため、「出くわす」と書くのが一般的。この場合の「くわす」は食べさせるという意味ではないので、「出食わす」と書いてはいけない。

×動めく→○うごめく、蠢く

「蠢く」という〝専用漢字〟があるので、×のようには書けない。ただし、難読なので、ひらがなで書くのが普通。

△形どる→○かたどる、象る、模る

「象る」「模る」という〝専用漢字〟がある。「形どる」と書くのも間違いではないが、ひらがなで書くほうがいい。

×散りばめる→○鏤める、ちりばめる

「鏤める」という〝専用漢字〟があるため、「ダイヤを散りばめる」などと「散る」だけを漢字で書いてはいけない。ただし、「鏤める」は難読なので、「ちりばめる」とひらがなで書くのが普通。

×散らつかせる→○ちらつかせる

○は、「ちらちらさせる」という意味。その「ちら」が接頭辞として頭についた動詞であり、「散る」わけではないので、漢字で書くのはNG。

◉「動作」と「状態」を表す言葉を自分のモノにする1

×揺るがせにできない→○忽せにできない、ゆるがせにできない

おろそかにするという意味の「ゆるがせ」は、漢字では「忽せ」と書く。「揺るがす」という言葉はあるが、「忽せ」とは意味の違う言葉。今は「ゆるがせにできない」とひらがなで書くのが一般的。

×陰が薄い→○影が薄い

「陰」と「影」は成句によく登場するが、その書き分けはプロの書き手にとっても、けっこう面倒な作業。以下、例をあげると、「陰《かげ》になり日向《ひなた》になり」と「陰で糸引く」は「陰」、「影が差す」や「影をひそめる」は「影」を使う。すべて「かげ」とひらがなで書くのが、最も安易かつ無難な方法。

×持たらす→○齎す、もたらす

もってくるという意味の「もたらす」は、漢字では「齎す」と書く。「持つ」の変化形と思い、「持たらす」と書いてはダメ。ただし、「齎す」を読める人は少ないので、「もたらす」と書くのが常識的な表記。

×崩おれる→○頽れる、くずおれる

その場にくずれるように倒れるという意味だが、「崩おれる」と書いてはダメ。正しくは「頽れる」と書くが、難読なので、「くずおれる」とひらがなで書くのが無難。

×裏ぶれる→○うらぶれる、心ぶれる

現在は、落ちぶれるという意味で使われているが、もともとは心の拠《よ》りどころがなくなるという意味。「心ぶれる」と書くが、いまは「うらぶれる」とひらがなで書くのが普通。

×（乳を）絞る→○搾る、しぼる

乳しぼりには「搾る」という〝専用漢字〟があるので、「絞る」と書くのはＮＧ。今は「しぼる」とひらがなで書くのが一般的。

◉「動作」と「状態」を表す言葉を自分のモノにする②

×（条約が）発行する→○発効する

「発効」は、法律や条約の効力が発生すること。「はっこう」は発酵、発光、発向、薄幸など、変換候補が多いので、誤変換に注意。

×～の恐れがある→○～の虞がある、おそれがある

「おそれ」は、漢字では三つの書き方があり、恐怖には「恐れ」、心配や不安には「虞」、畏まるときには「畏れ」を使う。「～のおそれがある」は、何かよくないこ

とがあるという心配なので、「虞」がふさわしい。常用漢字外の難読漢字なので、今では、ひらがなで書くのが一般的。

×目が座る↓◯目が据わる

酒に酔ったりして、瞳が動かなくなるさま。「据わる」には「動かなくなる」という意味がある。なお、「腹が据わる」「肝が据わる」も「据わる」を使い、「座る」と書くのは誤り。

×手離しで喜ぶ↓◯手放しで喜ぶ

遠慮なく喜ぶさま。束縛から放たれたさまなので、「手放し」と書く。一方、体操の鉄棒で、鉄棒から手をはなす技は、物理的に手を「離す」ので、「手離し技」とも書く。

×口を効く↓◯口を利く

話をする、ものを言うこと。「利く」と「効く」の書き分けは、玄人の書き手にとってもけっこう面倒。すべて「きく」と書くのも一法。

◉「動作」と「状態」を表す言葉を自分のモノにする③

○道が混む、○道が込む

平成22年の常用漢字表の改定まで、「混」に「こむ」という訓読みは認められていなかった。そのため、「道が込む」「人込み」が正しく、古いワープロソフトではそう変換されていた。現在は「道が混む」「人混み」もOKになっているが、「道がこむ」とひらがなで書く手もある。

×（フライパンに）油をしく→○油をひく

近年、インターネット上のレシピをめぐる文章で、誤用が目立つ表現。「しく」（敷く）でも意味が通じるため、誤用が広まったのだろう。ほかに、電線や水道管は「ひく（引く）」、布団は「しく（敷く）」が正しい。

×手が混む↓◯手が込む

手間がかかっているさま。この「込む」には、複雑に入り込むという意味があるので、こちらは依然、「混む」と書くと間違いになる。

×挙げつらう↓◯論う

「あげつらう」は、欠点をことさらに言い立てるという意味で、漢字では「論う」と書く。×のように、一部だけを漢字で書くと間違いになる。

×ネクタイを絞める↓◯ネクタイを締める

「絞」は、首や喉をしめるときに使う漢字。「鳥を絞める」はこちらを使うが、それは鳥の首を本当に絞めていたから。ネクタイは首に巻くものだが、首を絞めることが目的ではないので、「締める」を使う。

×目を見張る↓◯瞠る、みはる

「みはる」には「瞠る」という〝専用漢字〟がある。難読なので、ひらがなで「みはる」と書くか、「目を見開く」と言い換えるとよい。

×苔蒸す→○苔生す

苔が生えることで、「苔生す」という当て字が使われてきた。ただし、読める人は少ないので、「苔むす」と書くのが一般的。なお、「草むす屍」の「むす」も、漢字では「生す」と書く。

×たあいない→○たわいない

しっかりしていないさま。古くは双方とも使われていたが、今は後者が一般的。なお、「他愛ない」と書くのは当て字で、新聞などでは使わないようにしている。

×通りがかる→○通りかかる

動詞として使うときは、濁らないで「通りかかる」というのが正しい。ところが、これが名詞化すると、「通りがかり」と濁音になるのだから、日本語は難しい。

◉「動作」と「状態」を表す言葉を自分のモノにする④

×底を尽く↓○底を突く

蓄えたものが、ほぼなくなること。在庫が「尽きる」ことだが、〝底を尽く〟と書くのは×。入れていた物がなくなり、容器の底を突くという意味なので、「突く」と書くのが正解。

×待ち詫びる↓○待ち侘びる、待ちわびる

心細く思いながら、待つさま。「まちわびる」と打って変換すると、「待ち詫びる」と出るワープロソフトがあるので注意。今では「待ちわびる」と書くのが普通。

×多岐に渡る↓○多岐にわたる

漢字では「多岐に亘る」と書くが、「亘」が常用漢字外であるため、一般には「多岐にわたる」と書かれるようになった言葉。音につられて、〝渡る〟と書くと間違

いになる。

×清濁合わせ呑む→○清濁併せ呑む《せいだくあわせのむ》

この「併せ」は「両方を一緒に」という意味を含んでいる。また、「飲む」ではなく、「呑む」と書くことにも注意。

×焼土と化す→○焦土と化す

「焦土と化す」は、爆撃などで焼け野原となること。一方、「焼土」は消毒などのため、土地を焼くこと。

×多寡が知れる→○高が知れる

どの程度か、おおむねわかること。「高を括《くく》る」（みくびること）も「高」を使うのが○。

×痛く感じ入る→○甚《いた》く感じ入る、いたく感じ入る

「甚く」は、甚《はなは》だ、ひじょうにという意味。心の〝痛み〟を感じるわけではない。今は「いたく」とひらがなで書くのが普通。

×説を曲げる→○節を曲げる

信念を曲げて人に従うこと。たしかに、そういう場合には自分の説を曲げることになりがちだが、「説を曲げる」と書くのは間違い。

×船を漕ぐ→○舟を漕ぐ

居眠りするという意味の慣用表現では、「舟」を使う。この語にかぎらず、立ち漕ぎで動かせるほどの、小さな「ふね」は「舟」と書く。

×凌ぎを削る→○鎬《しのぎ》を削る

激しく争うさま。この鎬は刀の部位名。「凌ぎ」と誤変換しないように注意が必要な慣用句。

×人語に落ちない↓○人後に落ちない

人に後れをとらないという意味なので、「人後」と書く。

◉「動作」と「状態」を表す言葉を自分のモノにする 5

×苦渋をなめる↓○苦汁をなめる

苦い経験をすること。なめるのは「汁」。「苦渋を味わう」という言葉はある。また「苦杯をなめる」は、敗北を喫するという意味。敗北も苦い経験ではあるが、意味はかなり違う。

×片身が狭い↓○肩身が狭い

世間に対して恥ずかしく思うさま。なお、「肩をもつ」「肩肘張る」「肩を落とす」「肩を貸す」などは、すべて「肩」。一方、「片」で始まる慣用句でよく知られたものは、「片がつく」「片棒をかつぐ」の二つくらい。

×関心に堪えない→○寒心に堪えない

心配でたまらない。「関心」や「感心」に誤変換しないように。「寒心に堪えない」の「堪えない」は、気持ちをおさえられないという意味。

×息の音を止める→○息の根を止める

息の根は呼吸のことで、呼吸を止めるという意味。呼吸音を止めるという意味ではないので、「音」と書くのは×。

×一部の隙もない→○一分の隙もない

「一分」は、程度がわずかなこと。ワープロでは、先に「一部」が出てくることが多いので、誤変換に注意。

×現物と見比べる→○原物と見比べる

偽物らしい物と見比べるのは、もとの本物という意味の原物。「原」には「もと」という訓読みがある。一方、「現物」は今ここにある物という意味。「現物支給」はこちらを使う。

×好意に報いる→○厚意に報いる

「厚意」は、親切な気持ち。そうした気持ちに応じるという意味なので、「厚意に報いる」と書く。

×時期を逸する→○時機を逸する

時をめぐる「じき」には、時期、時機、時季の三つの書き方がある。「時期」を使うことが多いが、見出し語にした言葉は「機会を逸する」という意味なので「時機」を使う。また、「時季外《はず》れ」は季節に関することなので「時季」を使う。

×肝に命じる→○肝に銘じる

心に刻みつけること。「めいじる」と打ったとき、「命じる」としか出ないワープロソフトもあるので、誤変換に注意。

◉ことわざ、慣用句…定型表現の書き方のコツ

×奢る平家は久しからず→○驕《おご》る平家は久しからず

思い上がった者は、長くは栄えないという意味。「驕る」は思い上がった振る舞いをするさま。そういう者は、金品をばらまいたりするものだが、「奢る」は誤り。「傲り」も×。

×割れ鍋に閉じ蓋→○割れ鍋に綴じ蓋

それぞれの人に、ふさわしい配偶者がいるものという意味。「綴じ蓋」は、割れたところ、欠けたところを綴じた（修理した）蓋。閉じるための蓋ではないので注意。

×泣かず飛ばず→○鳴かず飛ばず

中国故事の「（鳥が）三年鳴かず飛ばず」に由来する語。故事成句は、書き方が定まっているので、「泣かず」と書いてはダメ。「飛ばず」も「跳ばず」と誤って変換

しないように。

×案ずるより産むが安い→○案ずるより産むが易《やす》い

前もって心配するよりも、実際におこなってみると、案外に容易《たやす》いことが多いという意味。容易いという意味なので「易い」と書く。

×会うは別れの初め→○会うは別れの始め

出会えばいつかは別れなければならないという意味。出会うことが別れの始まりになるという意味なので「始め」と書く。

×貧すれば貪す→○貧すれば鈍《どん》す

貧しいと、暮らしをどう立てていくかで頭が一杯になってしまい、心の働きが〝鈍く〟さもしくなるという意味。「むさぼる」という意味の「貪す」ではないので注意。

×岡へ上がった河童↓〇陸《おか》へ上がった河童

無力でどうすることもできないさま。この「陸」は陸地のことであり、小高い岡に上がるわけではないので「岡」や「丘」は×。

×灯下親しむべし↓〇灯火親しむべし

手紙文に使う季節の挨拶。秋の夜長は、灯火をつけて読書するのにふさわしいという意味の決まり文句なので、「灯火」と書く。

×毒を盛って毒を制す↓〇毒を以《もっ》て毒を制す

「毒を盛る」という言葉があるため、「どくをもって」まで変換キーを押すと、「毒を盛って」と出てしまう。「毒によって～」という意味なので「以て」と書くのが正しい。

2

日本語のプロを大いに悩ます書き間違いの話

◉ライター泣かせの危険な日本語1

×食当たり↓◯食あたり

漢字では「食中り」と書くので、「当たり」とは書けない。ほかに、「暑気あたり」「湯あたり」「毒にあたる」も、「中る」を使うので、「当」は使えず、今はひらがなで書くのが普通。

×食料難↓◯食糧難

「食糧」は、穀物などの主食物。「食料」は食べ物全体。戦後の食べ物不足は、とりわけ主食の不足が問題だったので、「食糧難」を使う。「食料（糧）事情」や「食料（糧）不足」は、どちらも使う。

×鐘乳洞→○鍾乳洞

「鍾」は「鐘」とは違う漢字なので注意。続けて打つと、正しく変換される。なお「鍾乳」は「鐘乳」と同じ意味で、釣り鐘の表面の突起を指す。

×三十歳代→○三十歳台

「三十歳台」は「台」だが、「三十代」は「代」を使う。四十代、五十歳台なども、同様の要領で書き分ける。

×単3型→○単3形

電池の単1や単3は「形」。一方、テレビの37型や42型は「型」を使う。

×満たん→○満タン

「満タン」の「タン」はタンクの略。〝外来語〟なので「満タン」と書くのが正しい。

×二十四節季↓○二十四節気

「立春」や「大寒」など、一年を二十四等分して季節を表す語のこと。「二十四」と「せっき」を分けて打つと、誤りやすいので注意。

×（仙台は）森の都↓○杜の都

大正時代には、すでに「杜の都」という書き方が登場し、仙台市では1970年の「公害市民憲章」に「杜の都」と記してから、公文書では「杜」を使い続けている。「杜」は表外字であり、役所が地名でもないのに、常用漢字以外の漢字を使い続けている珍しい例。

×たて髪↓○たてがみ、鬣

馬やライオンなどの首の後ろに生えている毛。「鬣《たてがみ》」という〝専用漢字〟があるため、「髪」だけを漢字にすることはできない。「たてがみ」とひらがなで書くのが普通。

◉ライター泣かせの危険な日本語②

△チヂミ→○チジミ

韓国のお好み焼きに似た料理。外来語には「ヂ」「ヅ」を使わないというルール（内閣告示「外来語の表記」）があるので、「チジミ」と書くのが正しいことになる。世間で「チヂミ」という書き方が一般化しているのは、「縮《ちぢ》む」という言葉の影響だろう。

×朝漬け→○浅漬け

かるく漬けた漬物。朝食に食べることが多くても、〝朝漬け〟は×。なお、浅漬けの対義語は「深漬け」。

×海草サラダ→○海藻サラダ

植物学的には、ワカメやコンブなど、サラダに使われている海中植物は、「海草」

ではなく、「海藻」に分類される。だから、厳密にいうと「海藻サラダ」と書くのが正しい。サラダ以外の言葉でも、「ワカメなどの海草」はNG。

×子どもの日↓○こどもの日

「国民の祝日に関する法律」の表記にしたがい、「こどもの日」と書くのが正しい。むろん、「子供の日」も×。

×建国記念日↓○建国記念の日

法律には「建国記念の日」と書かれている。会話はともかく、文章では正しく書きたい。

×吉野屋↓○吉野家

「屋」ではなく、「家」を使う。なお、「すき家」も「家」で、牛丼大手チェーンでは「松屋」だけが屋根の「屋」と書く。なお、吉野家の「吉」は下の棒が長い。

×いすず自動車↓○いすゞ自動車

ワープロソフトで「いすず」と打って変換すると、「いすゞ」と出るはず。なお、「ゞ」はひらがな濁点用の繰り返し記号。カタカナ濁点用の繰り返し記号は「ヾ」。ワープロでは「てん」と打って変換すると出るはず。

×三社祭り↓○三社祭《さんじゃまつり》

葵祭、祇園祭などを含め、特定の祭の名前は「り」を送らないことが多い。

×ニッカウイスキー↓○ニッカウヰスキー

「ヰ」はカタカナの「イ」の旧カナ。なお、ひらがなの「い」の旧字は「ゐ」。

×夏目漱石の「坊ちゃん」↓○「坊っちゃん」

少年を「ぼっちゃん」と呼ぶときは「坊ちゃん」と書くのが普通。ただし、漱石の作品名は『坊っちゃん』。固有名詞なので、勝手に「っ」を削ってしまってはいけない。また、『吾輩は猫である』は「吾輩」と書く。「我輩」や「吾が輩」と書いてはいけない。

×（川端康成の）伊豆の踊り子↓〇伊豆の踊子

小説のタイトルは「踊子」と書く。数々の映画のタイトルも「踊子」。一方、伊豆方面への特急電車の名は「踊り子号」と書く。

×学問のすすめ↓〇学問のすゝめ

福澤諭吉の書名は『学問のすゝめ』。「ゝ」はひらがな用の繰り返し記号。

◉この書き間違いは校正者さえ見落としてしまう①

×歳事記↓〇歳時記

俳句の季語を分類して、例句などを載せた本。ワープロで「さいじき」と打てば正しく変換されるが、手書きのときは注意。

×（稲の）成育状況→○生育状況

「成育」は「子供の成育」など、人や動物に使う言葉。一方、「生育」は植物が対象。なお、同様に、「成長」は人や動物、「生長」は植物に使う。

×（僧侶の）説教→○説経

「説経」は、仏教の経文の内容を説くこと。一方、「説教」は、人に厳しく意見するという意味のほか、キリスト教の神父や牧師が教えを説くことにも使う。

×ほうずき市→○ほおずき市

内閣告示の「現代仮名遣い」では、「オ列の長音は、オ列の仮名に『う』を添える」ことを原則としている。要するに、「おとおさん」ではなく、「おとうさん」と書くという意味。ただし、例外もあって、歴史的仮名遣いで「ほ」と書いたものは、「お」と書くとしている。「ほおずき」はその一例。かつて「ほほずき」と書いていたので、「ほおずき」となる。ほかに、「おおかみ（狼）」や「おおやけ（公）」などが、この例に当たる。

×棒高飛び→○棒高跳び

「ぼうたかとび」と続けて打って変換すると、正しく表示されるが、「ぼう・たかとび」と分けて打つと、間違いやすいので注意。

×炭坑労働者→○炭鉱労働者

炭鉱で働くので、後者のように書く。なお、有名な民謡は「炭坑節」と書く。

×定型郵便→○定形郵便

「定形」は、一定の大きさをした形。郵便料金制度では、基準サイズに比べた大小が料金の基準になるので、こちらを使う。

×腐食土→○腐植土

有機物が腐ってできた土。「ふしょくど」と打って変換したとき、前者のように間違って出るワープロソフトもあるので注意。

×立法メートル↓○立方メートル

変換ミスしやすく、なぜか一度誤ると、あとで気づきにくい間違いなので、念のためとりあげておく。

◉この書き間違いは校正者さえ見落としてしまう②

×定期講読↓○定期購読

字面が似ているので、プロの書き手も、うっかりしやすい言葉。本や雑誌を買って読むのは「購読」。お金がからむので、貝偏の「購」を使う。一方、「講読」は文章の意味を解き明かしながら読むこと。「講読会」はこちら。

×(相撲の)指し手争い↓○差し手争い

相撲で、相手の脇の下に手を差し込むやりとりは「差し手争い」。一方「指し手」は将棋で指す手。ワープロソフトでは「差し手」が表示されないことがあるので、

〝指し手争い〟と誤記しないように注意。

×（相撲の）立ち会い↓○立ち合い

相撲用語では「立ち合い」と書く。「立ち会い」は事態を見届けるため、同席することで、意味の違う言葉。

×混成合唱団↓○混声合唱団

「混声」は、男女双方の声を合わせること。いろいろな合唱団を混じり合わせるわけではないので、「混成」とは書かない。

×少額紙幣↓○小額紙幣

金額の単位が〝小さい〟という意味なので、「小額」を使う。

×市政100周年↓○市制100周年

「市制」は、市としての制度。「市制○○周年」という場合には、こちらを使う。「市政」は「市政運営」などに使う言葉。

◉プロも意外と書き間違える「地図」と「地名」

×玄海灘→○玄界灘《げんかいなだ》

九州北の海域名で、この「玄」は黒いという意味。「げんかい」までで変換すると「玄海」と出ることが多いので注意。なお、佐賀県の町は「玄海町」、原発名も「玄海原子力発電所」と書き、「玄海」は玄界灘の別名。

×鹿島市→○鹿嶋《かしま》市

鹿島神宮、鹿島アントラーズ、鹿島臨界工業地帯は「鹿島」と書くが、自治体名は鹿嶋市。鹿島町が市に昇格する際、鹿島市と名乗りたかったのだが、すでに佐賀県に鹿島市があったため、鹿島を使うことができず、「鹿嶋市」と書くようになった。

×大隈半島→〇大隅半島

大隈《おおくま》と大隅《おおすみ》には、ご注意のほど。２０１６年、大隅良典・東京工業大学栄誉教授がノーベル賞を受賞したときには、マスメディアも「大隈」と書き誤るケースが続出した。

×しらす台地→〇シラス台地

九州南部の火山灰土の台地。漢字では「白砂台地」と書くが、慣用的にカタカナで書く。なお、「しらす干し」は、漢字では「白子干し」と書く。

×しまなみ街道→〇しまなみ海道

本州四国連絡橋ルートの一つ。なお、「海道一の大親分」（清水次郎長のこと）も、「街道一」ではない。こちらの「海道」は東海道の略。

×希望峰→〇喜望峰

アフリカ大陸の最南端とされた岬。「きぼうほう」と続けて打つと「喜望峰」と正しく変換されるが、「きぼう・ほう」と分けて打つと、「希望」が最初に出てくることが多いので注意。

×奄美諸島↓○奄美群島

２０１０年2月、国土地理院の地名表記が「奄美諸島」から「奄美群島」に変えられた。それ以前から、海上保安庁などの「海図」では「群島」が使われていて、そちらに統一されたもの。

×（博多の）中州↓○中洲

「中洲」は、博多の歓楽街。「洲」が表外字であるため、普通名詞としての川の「なかす」は「中州」と書く。

×江の島電鉄↓○江ノ島電鉄

だから、「江ノ電」と略す。ただし、藤沢市内の地区名としては「江の島」で、湘南モノレールの駅名は「湘南江の島」。

×多摩霊園↓〇多磨霊園

東京の多摩地区にある霊園は、「多磨霊園」と書く。霊園近くの西武鉄道多摩川線の多磨駅も「多磨」と書く。ともに、「多摩」と書き誤りやすいので注意。

×四国八十八か所↓〇四国八十八ヶ所

固有名詞なので、「か」ではなく「ヶ」を使うところまで正しく書きたい。

×墨田川↓〇隅田川

川の名は「隅田川」、区名は「墨田区」。「すみだがわ」「すみだく」とすべて打ってから変換キーを押すと、正しく変換されるが、「すみだ・がわ」「すみだ・く」と分けて打つと、混同しやすいので注意。

×新疆ウイグル自治区↓〇新彊《しんきょう》ウイグル自治区

「彊」（つよいと訓読みする）と「疆」は違う漢字なので注意。「疆」には「さかい」

という訓読みがあり、「はて」という意味がある。確かに、新疆ウイグル自治区は、中国にとって、歴史の浅い新しい国境地帯である。

×陝西省→○陝西省《せんせいしょう》

よくご覧あれ。「陝」と「陜」は違う文字。中国の中央部にあり、黄土高原が広がる省。

×淅江省→○浙江省《せっこうしょう》

中国の臨海部の省。上海市の南にある省。「せっこうしょう」と打っても出ないワープロソフトが多いため、漢字辞書で探すうち、間違うことになりやすい。

×太洋州→○大洋州

オセアニアのこと。なお、太平洋は「太」で、大西洋は「大」を使う。「太平洋の真ん中には〝ハワイ〟（太の点のこと）がある」と覚えれば、混同しにくい。

◉プロも意外と書き間違える「経済」の言葉

×持ち合い相場→○保ち合い相場、もちあい相場

相場用語で、価格に大きな動きがない状態。本来は「保ち合い」と書くので、「持ち合い」は×。なお、株式関係で「持ち合い」といえば、互いに相手の株式を保有し合うことをいう。

×底固い→○底堅い

株価などが、なかなか下がらない動きのこと。「底堅い」と「堅」を使って書く。一方、株価などの「底固め」には「固」を使うから、日本語は厄介。

×会社更正法→○会社更生法

続けて打つと正しく変換されるが、長い言葉なので分けて打ちがち。すると、うっかり選択ミスすることも。

×エンジェル係数→○エンゲル係数

家計に占める食費割合を示す係数。この「エンゲル」はドイツの統計学者の名前で、マルクスの盟友のエンゲルスとは別人。

◉プロも意外と書き間違える「日本史」の言葉

×柳条溝事件→○柳条湖事件

満州事変の発端となった関東軍による満州鉄道爆破事件。日本では、長らく「柳条溝事件」と呼ばれていたが、1980年代、柳条溝というのは当時の新聞の誤記であり、柳条湖が正しい地名であることが判明、以後、柳条湖事件に統一されてきた。

×蘆溝橋事件→○盧溝橋事件

1937年7月、日中戦争の発端となった武力衝突。かつては、両方の表記が混在していたが、1987年、中国が地名を「盧溝橋」に統一。以後、事件名の表記も

「盧溝橋事件」に統一された。

×関が原の戦い↓◯関ヶ原の戦い

古い地名表記が関ヶ原なので、「関ヶ原の戦い」と書く。ただし、現在の町名は関ケ原と大きなケを使う。

×和銅開珎↓◯和同開珎

年号は「和銅」。「わどう」と打って変換すると、こう出やすいので注意。

×縦穴式住居↓◯竪穴式住居

「竪穴」で定着している歴史用語なので、「縦」に変えることはできない。

×虎の門事件↓◯虎ノ門事件

江戸城の門の一つは「虎ノ門」と、「ノ」をカタカナで書く。そのため、昭和天皇が摂政時代、同門通過中に狙撃された事件は「虎ノ門事件」と書く。また、現在の地名、東京メトロの駅名も「虎ノ門」。ところが、有名な病院は「虎の門病院」と書く。

×壇の浦の戦い→○壇ノ浦の戦い

源平合戦の最後の戦いとなった場所は、「壇ノ浦」。なお『壇浦兜軍記』（浄瑠璃）など、「壇浦」と書く場合もある。

×太宰府の長官→○大宰府の長官

現在の太宰府市や太宰府天満宮は、「太宰府」と書く。一方、歴史上の政庁の名は、「大宰府」。プロのライターも、「太」と「大」を一度は書き間違えて、校閲の専門家に直されることになりがちな地名。

◉プロも意外と書き間違える「世界史」の言葉

×（旧約聖書の）創成期→○創世記

アダムとイブの物語などは「創世記」に記されている。一方、「創成期」は物事の始まりの時期で、「プロ野球の創成期」などと使う言葉。

×絶対王制→○絶対王政

続けて打っても、正しく変換されないことがあるので注意。一方、「王政復古」は続けて打てばOK。また、「帝制ロシア」ではなく、「帝政ロシア」と書く。

×(キリスト教の) 精霊→○聖霊

キリスト教で、神、イエスとともに三位一体を構成するのは「聖霊」。一方、仏教では「精霊」と書き、「しょうりょう」と読むことが多い。「精霊送り」「精霊会《しょうりょうえ》」など。

×ラマ教→○チベット仏教

教科書では「チベット仏教」を使うようになっている。その理由は、「ラマ」は高僧を意味するが、信仰の対象ではないこと。また、「ラマ教」というと、仏教の一宗派であることがわかりにくいなどの理由から。

◉プロも意外と書き間違える「医療」の言葉

×扁桃腺→○扁桃

「扁桃腺」は旧称。医学的には「腺」ではないことから、「扁桃」に改められた。なお、「扁桃」は本来はアーモンドのことで、喉の扁桃はアーモンドの種子と形が似ているところから、こう呼ばれるようになった。

×人口呼吸→○人工呼吸

マウス・ツウ・マウスで人工呼吸することもあるためか、勘違いしやすい誤記。

×薬局法→○薬局方

医薬品の品質、強度などの基準を定めた法令。「法」ではなく、「方」を使うのは、この「方」が、「漢方」や「処方」と同様、医術というニュアンスを含んでいるため。

×低容量ピル↓○低用量ピル

「用量」は使用する分量のことで、「用量を間違えないように」などと使う。一方、「容量」は中に入る分量のことで、「容量を比較する」など。

×抗精神薬↓○向精神薬

精神機能に作用する薬物の総称。医薬品のほか、覚醒剤などもこう呼ばれる。抗うつ薬や抗不安薬は「抗」の字を使うが、その総称は「向精神薬」。「麻薬及び向精神薬取締法」という法律もある。

◉プロも意外と書き間違える「政治」の言葉

×国勢調査権↓○国政調査権

国会に付与された行政に関する調査権は「国政調査権」。一方、五年に一度行われる人口などの調査は「国勢調査」。

×政治資金規制法→○政治資金規正法

続けて打っても、×のように出てくることがあるので注意。

×強行裁決→○強行採決

「裁決」は、「議長の裁決」など、賛否の数によらない決定を意味する言葉。「強行採決」は一応、賛否を問うので「採決」を使う。

×初心表明演説→○所信表明演説

首相が特別国会、臨時国会の冒頭で、所信を表明する演説。「初心」と変換ミスしないように。なお、「施政方針演説」は、通常国会の冒頭で首相が行う演説。演説名は、国会の種類によって使い分けられている。

3 誰も教えてくれなかった本当の四字熟語

◉途中で変換してはいけない四字熟語1

×原価償却→○減価償却

ベテラン校正者によると、ワープロソフトを使って書く時代になってから、四字熟語の誤記が増えたという。原因は、もちろん誤変換。とくに、危険なのは、前2文字と後ろ2文字を分けて打って変換し、誤変換するケースだ。これは、その代表例。ワープロで打つとき、「げんか」と「しょうきゃく」を分けて打つと、「原価償却」と誤変換しやすいので注意。

×晴天白日→○青天白日

「青天」は青空、「白日」は輝く太陽。「青天の霹靂《へきれき》（突然起きる大事故や大事件）」

も「青天」を使う。

×現状回復↓〇原状回復

もとの状態に戻すことなので、「原状」を使う。「原」には「もと」という訓読みもある。なお、「現状維持」は、いまの状態を維持することなので、「現状」を使う。

×回顧趣味↓〇懐古趣味

古いことを懐かしむ趣味、傾向のことなので、「懐古趣味」と書く。単に「回顧する趣味」ではない。

×人跡未到↓〇人跡未踏

漢字に詳しい人はご存じだろうが、「ぜんじんみとう」は「前人未踏」と書いても「前人未到」と書いてもよい。ところが、「じんせきみとう」は「人跡未踏」（足をまだ踏み入れていない）だけがＯＫで、「未到」（まだ到達していない）は×。使い分けが面倒なので、プロの書き手には、これらの言葉を避け、「まだ誰も足を踏み入れていない」などと〝意訳〟して書く人もいる。

×自我自賛→○自画自賛

自分で自分をほめること。これも誤変換の代表例。分けて打つと、「自我」が先に出てくるので間違いやすい。

×過小申告→○過少申告

税金などの「カショウ申告」には「過少」を使う。一方、「評価」の前につく場合は「過小評価」と書く。

×五里夢中→○五里霧中

行く先がまったく見えず、見込みや方針がまったく立たないさま。分けて打つと、後半はおおむね「夢中」が先に出るので、誤変換に注意。なお、「五里霧」は五里四方に立ち込めた霧。その中にいるという意味なので、読むときは、「ごり・むちゅう」ではなく、「ごりむ・ちゅう」と切って読むのが正しい。

×一身同体↓○一心同体

心も体も同じといっていいくらい、密接であること。「いっしん・どうたい」と分けて打つと、「一身同体」と誤変換しやすい。

×路地栽培↓○露地栽培

家と家の間の狭い「路地」で栽培するわけではなく、「露地」（覆いのない露《あらわ》になった土地）で栽培するので、後者のように書く。

×綱紀粛清↓○綱紀粛正

組織の規律をきびしく正すという意味。ルールを守れなくても殺すわけではないので、「粛清」と書かないように。

×決戦投票↓○決選投票

決定するための選挙なので「決選」と書く。「決選」を使う言葉は、この四字熟語以外にはほぼ存在しないため、「けっせん」までで区切って変換すると、「決戦」と出ることが多く、間違いやすくなる。

◉途中で変換してはいけない四字熟語 2

×千載一隅→○千載一遇

「千載（千年）」に一度しか、めぐり遇《あ》えないほど、まれなこと。「せんざい」と「いちぐう」を分けて打つと、「一隅」が先に出てきて誤る可能性大。

×衆人監視→○衆人環視

「しゅうじん・かんし」と分けて打つと、誤変換しやすい。「環視」は、環のようにぐるりと取り囲んで視るという意味。

×既製事実→○既成事実

これも分けて打つと、誤記しやすい。「既製」は「既製品」「既製服」など、おもに商品に対して使う言葉。

×群衆心理→○群集心理

これも分けて打つのは危険。「群衆」と「群集」は似た意味の言葉ではあるが、心理学用語としては後者を使う。

×狂気乱舞→○狂喜乱舞

たいへん喜ぶさま。「きょうき・らんぶ」と分けて打つと、「狂気乱舞」と誤変換しやすい。

4 中途半端に覚えてはいけないカタカナ語

◉やってませんか？ カタカナ語の書き間違い〈基本のポイント〉

×フューチャリング→○フィーチャリング

注目すること、際立たせるという意で、出版界などでは「特集」という意味で使われている。綴りは featuring。「未来」を意味する future とは関係ない言葉なので、混同しないように。

×アンシンメトリー→○アシンメトリー

左右非対称。「非」という意味につられて、否定の接頭語「un」で始まると思い込むと、発音を間違うことに。綴りは asymmetry。

×ワーカーホリック→○ワーカホリック

仕事中毒。work と alcoholic をつなげた造語で、workaholic と綴る。「ワーカ」と伸ばさないほうが原音に近い。

×タックスヘブン→○タックスヘイブン

綴りは、tax haven。haven は避難地という意味で、発音は「ヘイブン」に近い。heaven（天国）とは違う単語なので、注意。

×エステシャン→○エステティシャン

aesthetician と綴り、○が原音に近い。×は、○が発音しにくいためにハショッてできた言葉だろう。

×アタッシュケース→○アタッシェケース

トランク型の書類カバンのこと。attaché case と綴り、後者が原音に近い。

×シュチエーション→○シチュエーション

環境、境遇、立場。situationと綴るので、○のように表記・発音する。

×エンターテイメント→○エンタテインメント

スペルはentertainment。mentの前にnがあり、○のように発音する。

×コミニュケーション→○コミュニケーション

communicationと綴る。commuはカタカナにした場合、「コミュ」になる。

×カモフラージュ→○カムフラージュ

昔は「カモ〜」と発音されたが、現在ではマスコミは「カム〜」に統一している。

×スプリクト→○スクリプト

芝居の台本やコンピュータのプログラムを指す言葉。スプリングやスプリンターが耳になじんでいるためか、「スプリ〜」と発音しがちなので注意。綴りは、script。

×アテレコ→○アフレコ

アフレコは、アフター・レコーディングの略。「アテレコ」は、それを「当てレコ」ともじった言葉であり、かつて〝業界〟でよく使われていた。今は死語化している。

×ボーリング→○ボウリング

球をころがすスポーツはbowlingと綴り、bowlは「(ぶつけて)倒す」という意味。ballとは関係がない。なお「ボーリング」と書くと、穴を掘るほうの意味になる。

△ファーストフード→○ファストフード

いちばんのfirstではなく、早いのfast。ファストファッションは「ファスト」で定着したのだから、食べ物のほうも、そろそろ「ファスト」に統一したほうがいいのでは。

×シュミレーション↓○シミュレーション

かなり有名になってきた間違い。綴りは simulation なので、後者のほうが原音に近い。

×ギブス↓○ギプス

綴りは gips で、もとは石膏という意味。19世紀、オランダの軍医が兵士の戦傷を負った部位を石膏で固めたところから。

◉やってませんか？ カタカナ語の書き間違い〈大事なポイント〉

×バッチ↓○バッジ

小さい記章を意味する語の綴りは、badge。近年は「バッヂ」と書くこともなくなっている。

×シャンペン↓○シャンパン

昔は「シャンペン」と発音する人がいたが、いまは「シャンパン」にほぼ統一されている。なお、フランス語の発音は「シャンパン」に近く、英語の発音は「シャンペイン」に近い。

△カソリック→〇カトリック

近年、ＮＨＫなどの放送局ではカトリックに統一している。原音もカトリックに近い。

×スマートホン→〇スマートフォン

より短く略すときは「スマホ」だが、〝スマートホン〟と書かないように。テレフォンと同様。〝スマフォ〟とならなかったのは、発音しにくいからだろう。

△ダンボール→〇段ボール

波形の断面が〝階段状〟にみえ、ボール紙製であることから、この名に。業界では「段ボール」という表記で統一している。一般には「ダンボール」と書く人が増え、間違いとはいいきれなくなっているが。

×ウィスキー↓○ウイスキー

酒税法上の表記は「ウイスキー」。近年はマスコミを含め、「ウイスキー」が圧倒的に多くなり、「ウィスキー」という表記は消滅の方向。

×ルネッサンス↓○ルネサンス

かつては、原語の綴りにつられ、小さな「ッ」を加える表記が多かった（たとえば、ヒトラー↓ヒットラー）。現在は、原音に近づけるため、「ッ」を省く傾向にあり、ヨーロッパ近世の文明復興も「ルネサンス」と表すのが一般的になっている。

◉人名の書き間違いは大人のタブー

×トロッキー↓○トロツキー

ロシア革命の立役者の一人。綴りはTrotskii。昔は「トロッキー」と呼ばれたが、近年、マスコミは原音に近いトロツキーに統一している。

×ゲッペルス↓○ゲッベルス

ナチス・ドイツの宣伝相。かつてはゲッペルスとして知られていたが、綴りはGoebbelsであり、今はゲッベルスと書き、そう発音する。

×レンブランド↓○レンブラント

バロック期を代表するネーデルラント（オランダ）の画家。なお、彼の国も、ネーデルラントと濁らないほうが、現地の発音に近い。

×アンディ・ウォホール↓○アンディ・ウォーホル

アメリカの現代美術を代表する芸術家。綴りは、Andy Warholで、かつては「ウォホール」とも呼ばれたが、現在は「ウォーホル」で統一されている。

×ウラジミール↓○ウラジーミル

ロシアの男子名。かつては、×のように表記されることが多かったが、近年は「ウラジーミル」と、「ー」と「ミ」の順番が逆転した。だから、放送局は、ロシアの大統領名を「ウラジーミル・プーチン」と発音している。

◉濁るかどうかが分かれ目になるカタカナ語①

×リラクゼーション→○リラクセーション

休養、気晴らし。日本では、心身をほぐす技法という意味で、マッサージと同様の意味でも使われている。綴りはrelaxationで、後者のほうが原音に近い。

×アボガド→○アボカド

綴りはavocadoなので、「カ」は濁らないで読むほうが原音に近い。なお、日本では昭和40年代まで、その皮の感じから「鰐梨」と呼ばれていた。

×バトミントン→○バドミントン

綴りは、badminton。インド発祥の球技が英国のバドミントン荘で公開されたことから、この名になったという説がある。

×エキシビジョン→〇エキシビション

公開演技、模範試合。綴りはexhibition。放送局では昔から「〜ション」と読んでいるのだが、「ビジョン」という人が多いのは、「ビジョン」（vision）という単語があることや「テレビジョン」の影響か。

×テング熱→〇デング熱

デングウイルスが原因の感染症。熱帯病のひとつ。英語で、dengue fever。デングの語源ははっきりしないが、スペイン語の引きつりを意味する言葉に由来するという説などがある。

×パゴタ→〇パゴダ

仏塔。仏舎利を安置するための施設。日本では、おもにミャンマー様式のものを意味する。綴りはpagoda。

×シュールレアリズム→○シュールレアリスム

20世紀の芸術運動の一つ。surréalismeと綴る。近年、このタイプの芸術関係の言葉は濁らなくなってきている。×キュビズム→○キュビスム（cubisme）、×フォービズム→○フォービスム（fauvisme）という具合。また、見出し語は最近、「シュルレアリスム」という伸ばさない書き方も増えている。

×テトラポット→○テトラポッド

「Tetrapodと綴るので、最後は濁音になる。日本人は最後の「ド」を「ト」と発音しがちなので、注意。たとえば、ベットは×で、正しくはベッド（bed）。カーバイトは×で、正しくはカーバイド（carbide）。サラブレットは×で、正しくはサラブレッド（thoroughbred）など。

×（絵の）キャンパス→○キャンバス

綴りはcanvas。語源は、ギリシャ語の「麻」を意味する言葉。大学のキャンパスは

campusと綴る。

×（衣服の）スモッグ→○スモック

綴りは、smock。幼稚園児などが着ているゆったりした上っ張りのこと。なお、スモッグ（smog）は、大気汚染の一種で、smoke（煙）とfog（霧）の合成語。

◉濁るかどうかが分かれ目になるカタカナ語②

×（紅茶の）ティバック→○ティバッグ

綴りはteabag。袋・かばんはbagと綴るので、「ハンドバック」（○ハンドバッグ）、「トートバック」（○トートバッグ）も×。なお、下着のほうは、後ろ（back）がT形という意味なので、「ティバック」でＯＫ。

×ハイブリット→○ハイブリッド

雑種、混成物のこと。hybridと綴るので、後者が原音に近い。「ハイブリット・カー」などと言わないように。

×キャスティングボード↓○キャスティングボート

英語ではcasting voteと綴り、「ボート」と濁らずに発音するのが正しい。本来は、議会で賛否同数のとき、議長が投じる一票を指す。今は、二つの多数派の間で賛否が分かれたとき、少数派が決定権を握るという意味で使われている。

×ブタペスト↓○ブダペスト

ハンガリーの首都。綴りは「budapest」。「ぶた」という耳慣れた音につられて、「ブタペスト」と発音しないように。

×肩パット↓○肩パッド

綴りはpad。当て物、詰め物という意味。マウスパッド（パソコンのマウス用の下敷き）も、mouse padと綴るので、「パット」と発音しないように。なお、ゴルフのグリーン上で打つことは「パット」(putt)。

×人間ドッグ→○人間ドック

「ドック」（dock）は、船を検査・修繕するための施設。その機能と人間の体の点検を重ねた言葉なので、濁らずに「ドック」と読むのが正しい。耳になじみのあるdog（イヌ）と誤らないように。

×バッティング・ゲージ→○バッティング・ケージ

打者が入る籠のような場所。籠はcageなので「ケージ」が正しい。寸法などを意味する「ゲージ」（gauge）とは別の単語。

×ボートセーリング→○ボードセーリング

綴りはboardsailingなので、「ド」と濁る。ウインドサーフィンと同じ競技だが、こちらは商標登録されているので、ＮＨＫなどでは、ボードセーリングを使っている。

×バグダット→○バグダッド

小さな「ッ」以外、すべて濁る。バクダット、バクダッド、バグダットなどと、グとドを清音にしやすいので注意。なお、スペインの首都マドリッドも「ド」と濁るが、マドリットと発音する人が少なくない。

×ハンブルグ→○ハンブルク

ブルクは「城」という意味。こちらは、日本人は「グ」と濁りやすいが、ニュルンベルク、ハイデルベルク（以上ドイツ）、ザルツブルク（オーストリア）、サンクトペテルブルク（ロシア）、ヨハネスブルク（南アフリカ）、ルクセンブルク（国名）は、すべて「ク」。

その書き方、どこが間違い？
基本編1

問題074

×悪どい人

問題075

×うっとおしい天気

問題076

×出会い頭

答え 074

□あくどい人

日本語には、下手に漢字で書くと、間違いになる言葉がある。この形容詞はその代表例。「灰汁のくどさ」が語源とされ、「悪」とは関係がないため、〝悪どい〟と書いてはダメ。「あくどい手口」など、ひらがなで書くのが正しい書き方。

答え 075

□うっとうしい天気

漢字では「鬱陶しい」と書き、「鬱陶《うっとう》」は心が晴れないさまを表す漢語。この言葉がベースになっているので、ひらがなで書くときも発音するときも、「うっとうしい」が正解。

答え 076

□出合い頭

交通事故に関する新聞記事では、「出合い頭に衝突」というフレーズが多用される。そのため、駆け出しのサツ回りの記者は、一度は「出会い頭」と書き、デスクに注意されることになる。

大人の語彙力が
ズバリわかる
100問テスト

その書き方、どこが間違い？
基本編②

〈書き方〉

問題077

×引きいる

問題078

×うつ向く

問題079

×だぶる

答え077

□率いる

この語には「率いる」という専用の漢字がある。うっかり、「引きいる」と書かないように。

答え078

□俯く　□うつむく

「うつむく」には「俯く」という〝専用漢字〟があるため、部分的に漢字にして「うつ向く」と書くことはできない。ひらがなで「うつむく」と書くのが無難。

答え079

□ダブる

「ダブる」は、英語の「ダブル」を動詞化した言葉。一種の外来語といえるので、「ダブる」とカタカナで書いたほうがいい。

その書き方、どこが間違い？
基本編3

問題 080

×何なく

問題 081

×言わゆる

問題 082

×渋とい

答え 080

□難なく

「何となく」につられて「何なく」と書いてはダメ。「難なく」は「とくに難しいこともなく」「楽々と簡単に」という意味。「難なく、合格」など。

答え 081

□所謂　□いわゆる

「いわゆる」は、動詞「いう」＋助動詞「ゆ」の連体形。漢字では「所謂」と書き、「謂う所の」という意味。ただし、このような連体詞や接続詞、副詞は、ひらがなで書くことが一般化しているので、「いわゆる」と書いたほうがいい。

答え 082

□しぶとい

「しぶとい」は粘り強いという意味であり、「渋い」とは関係のない言葉。

大人の語彙力が
ズバリわかる
100問テスト

その書き方、どこが間違い？
ハイレベル編1

〈書き方〉

問題 083

×道路表示

問題 084

×定期講演

問題 085

×個別訪問

答え 083

□道路標示

分けて打つと、×「道路表示」のように出やすい。「標示」は目印になるもので示すという意味で、この言葉にはこちらを使う。なお「標」には「しるし」という訓読みがある。

答え 084

□定期公演

世の中には、定期的に開かれている講演会もあるだろうが、それを定期講演とは呼ばない。「定期公演」が正しい書き方で、定期的に観客の前で〝公に演じられる〟ことを意味する。

答え 085

□戸別訪問

一戸ごと訪問するので「戸別」を使う。ワープロソフトでは「個別訪問」と変換されやすいので注意。

その書き方、どこが間違い？
ハイレベル編[2]

問題086

×年齢不祥

問題087

×序幕式

問題088

×後ろ立て

答え
086

□年齢不詳

「ふしょう」と打つと、「不祥」にも「不詳」にも変換されるので、選び間違えないように。「祥」には「さいわい」という訓読みがあり、その否定形なので、「不祥」はよくないという意味。一方、「不詳」ははっきりしないという意味。「職業不詳」もこちら。

答え
087

□除幕式

「じょまく」まで打って変換すると、「除幕」とも「序幕」とも出るので注意。「じょまくしき」は銅像などにかけられた幕を取り除く式なので、「除幕式」が正しい。

答え
088

□後ろ楯

陰に控え、助け守ること、あるいはそういう人を指す言葉。もとは「体の後方を防ぐ盾」を意味したので、「後ろ楯（後ろ盾）」と書く。「若社長の後ろ楯となる」など。

その書き方、どこが間違い？
ハイレベル編③

問題 089

×冬期オリンピック

問題 090

×（大統領の）信書

問題 091

×心身耗弱

答え 089

□**冬季オリンピック**

「冬季」が正しいと知っていても、「とうき」は変換候補の言葉が多いため、なかなか「冬季」と出てこない。それもあって、つい「冬期」と誤って変換しがちなので、要注意。

答え 090

□**親書**

大統領など、国のトップが書いた手紙や文書は「親書」と書く。一方、「信書」は、単に手紙のこと。

答え 091

□**心神耗弱《こうじゃく》**

続けて打てば正しく出るが、分けて打つと使用頻度の多い「心身」が先に出ることが多く危険。「心神喪失」（「心身喪失」は ×）も同様。

その書き方、どこが間違い？
──「食べ物」の書き方

問題092

×坦々麺

問題093

×（日本酒の）鬼ごろし

問題094

×餅米

答え
092

□担々麺

「担々麵」は、ルーツの中国・四川地方で、調理道具を〝担いで〟売り歩かれていたので、「担々麵」と呼ばれるようになった。一方、日本語では、平らなことを意味する「たんたんと」を「坦々と」と書くため、「坦々」と変換されて間違いやすい。中華料理店のメニューで、誤記を目にすることもあるくらい。

答え
093

□鬼ころし

酒名としては濁らないのが普通。鬼を殺すほどの辛い酒という意味で、日本全国に100種類以上のこの名の酒がある。最初に、この名を使った酒蔵が商標登録しなかったため、数が増え、辛口の酒の代名詞のようになった。

答え
094

□糯米　□もち米

餅や赤飯の原料は「糯米」。「糯」一字でも「もちごめ」と読み、「餅米」とは書かない。なお、「餅」は以前は常用漢字外だったため、新聞などで「もち」と書かれていたが、今は常用漢字に入り、「餅」と書かれている。

その書き方、どこが間違い？
——「身近」な日本語

問題095

×棚下ろしセール

問題096

×ゴルフ会員券

問題097

×最少公倍数

答え
095

□棚卸《たなおろ》しセール
「棚卸し」は在庫の数などを調べ、評価すること。会計用語としては、「棚卸資産」「棚卸表」など、送り仮名をつけずに書く。

答え
096

□ゴルフ会員権
ゴルフ場を使用する権利は、「ゴルフ会員権」。「会員券」のほうは、近年は「会員カード」や「会員チケット」と言い換えられることが多くなっている。

答え
097

□最小公倍数
ワープロですべて打ってから変換すると正しく出るが、分けて打つと危険。その前に「最少」と打っていると、そちらが出ることになる。

その書き方、どこが間違い？
――「ニュース」の日本語

問題 098

×家宅捜査

問題 099

×申告罪

問題 100

×恩情判決

答え 098

□家宅捜索

容疑者の自宅などを捜索するのは「捜査」の一部ではあるが、「家宅捜査」という言葉はない。「家宅捜索」を聞き誤り、広まった言葉だろう。

答え 099

□親告罪

「親告罪」は、起訴するためには、被害者の告訴が必要な犯罪。「親告」は、法律用語では、被害者が告訴することを意味する。

答え 100

□温情判決

辞書的にいうと、「恩情」は情け深い心で、「温情」は温かい心ということになるが、その境界ははっきりしない。「温情判決」「温情主義」は「温情」、「恩情ある計らい」や「恩情に感謝する」などは「恩情」と書くと覚えるしかない。

何問出来ましたか？
おおよその目安は以下の通りです。

80-100　周囲から一目置かれる「語彙力」です

日本語を「読む」「書く」「話す」ときに、迷いなく言葉を使いこなせているはずです。いまの自分の知識をベースに、本書で、日本語の〝感性〟を磨きあげてください。

60-79　ワンランク上を目指したい「語彙力」です

日本語には、気をつけていないと間違えるポイントがまだまだあります。本書で、ひとつずつチェックしてみてください。

30-59　いつか恥をかきそうな「語彙力」です

大人になると、言葉の間違いを周囲に正してもらえる機会は少なくなります。本書で、間違えたままになっている言葉の使い方を確認しましょう。

0-29　今日からがんばりたい「語彙力」です

間違った日本語の使い方をしないよう、本書で〝落とし穴〟のポイントをしっかり確認していきましょう。

Step4

言葉の〝大人度〟をアップさせると、自分に自信がつきます

この章では、言葉の〝大人度〟を高めるコツ、ワンランク上の語彙力に欠かせない「たとえ」や「対句」「逆説」などについて紹介していきます。たとえば、次の言葉を会話の中で使うことができますか？

・先般、ご報告いたしましたとおり
・異を挟むわけではないのですが
・長年の精励恪勤が報われ
・同調圧力に抗しきれなくて
・ビッグピクチャを把握する

1　改まった場にふさわしい言葉を選んでいますか

◉「言葉を知っている人」が使っている言葉

□**先般**《せんぱん》……この章からは「誤用」ではなく、大人なら使いこなしたい言葉を紹介していこう。まずは〝大人の熟語〟から。「先般」は、「先日」「先ほど」よりも、〝あらたまり度〟が高い大人用の言葉。「先般の会議で話題になった件ですが」「先般、ご報告いたしましたとおり」などと使うと、フレーズ全体を重々しくできる。

□**勘案**《かんあん》……あれこれ考えること。ビジネス語としては、「全体のバランスを考えたところ」というニュアンスを含む。「諸般の事情を勘案いたしました結果」が常套句。

□**僭越**《せんえつ》……でSすぎたことで、「僭越ながら」がビジネス語としての定番の使い方。「僭越ながら、一言申し上げたいのですが」など。「借」には「おごる」という訓読みがある。

□**査収**《さしゅう》……点検して受け取ること。ビジネスメールでは、資料を送った際、「資料を添付いたしました。ご査収願います」としめくくるのが定番の使い方。「検収」も同様の意味。

□**精査**《せいさ》……詳しく調べること。すぐに答えられない質問に対して、「精査のうえ、お返事差し上げます」「目下、精査中でございまして」と逃げ口上でよく使われるのは、ご承知のとおり。

□**小職**《しょうしょく》……自分の地位や仕事をへりくだっていう言葉。それなりのポジションにいる役職者が使うのにふさわしく、平社員が使うとすこし変。「小職といたしましては」など。

□**当該《とうがい》**……現在、話の対象になっている事柄。おおむね、ネガティブな方向で話題になっている事柄や人をさす。「当該製品の不具合につきましては」など。

□**拝受《はいじゅ》**……「受け取りました」という意味の敬語用の熟語。文章用で、メール時代になって復活した言葉。「ご送付いただきました書類、拝受いたしました」など。

□**失念《しつねん》**……「うっかり忘れていた」ことを大人っぽくいうための言葉。「すっかり失念していまして」が定番の使い方。

□**放念《ほうねん》**……心配しないこと。気にかけないこと。大人社会では、「どうぞ、ご放念ください」（気にとめないでくださいという意味）と寛容さを表すのがよくある使い方。

□**真摯《しんし》**……まじめに、真剣に。ビジネス語としては謝罪用の言葉で、不祥事を起こしたり、批判されたりしたときは、「真摯に受け止めております」と頭を下げるのがお約束。

◉「ご」がつく言葉で格調を高くする①

□**ご笑納《しょうのう》**……大人の文章を書くためには、相手への敬意を表す「ご」のつく熟語を使いこなすことが必要になる。この言葉は「ご笑納ください」という形で使い、「つまらないものをお送りしますが、笑ってお納めください」という意味になる。

□**ご笑覧《しょうらん》**……これも「笑」という文字で、謙譲の気持ちを表す言葉。「どうぞ、ご笑覧ください」といえば、資料などを送ったので、「どうぞ、笑って読んでください」という意味になる。「ご笑読《しょうどく》」も同様に使える。「ご高覧《こうらん》」も同じ意味だが、こちらは謙譲型ではなく、「高」という文字で相手への敬意を表す尊敬型の言葉。

□**ご清栄《せいえい》**……「ご清栄のことと存じあげます」という形で、手紙文の冒頭に使う言葉。「清栄」は「繁栄」という意味なので、メールでは仕事関係の相手にふさわしい。なお、「ご清祥」は「幸せに暮らしている」という意味なので、個人的なつながりがある相手に送るときにしっくりくる言葉。

□**ご健勝《けんしょう》**……これも、手紙文の冒頭に使う言葉。「健勝」は「体が丈夫で元気なさま」を意味するので、親しい個人宛の手紙にふさわしい語。宛て先が「御中」となるような組織宛の手紙に使うのは、本来の意味からすると、すこし変。

◉「ご」がつく言葉で格調を高くする 2

□**ご厚情《こうじょう》**……「厚情」は「厚い思いやり」のことで、「ご厚情を賜り〜」が定番の使い方。「ご懇情」も同様の意味で、こちらのほうが、厚情以上に思いやりの度合いが高いというニュアンスを含んでいる。

□**ご高配《こうはい》**……「ご高配を賜り〜」と感謝の気持ちを表すための言葉。「ご高慮」も同じ意味。

□**ご鞭撻《べんたつ》**……強く励ますこと。「ますますのご指導、ご鞭撻のほど、お願い申し上げます」は、挨拶を締めくくる定番フレーズ。なお、「鞭つ」で「むちうつ」と読む。

□**ご足労《そくろう》**……わざわざ、お越しいただくという意味。ビジネスでは、「ご足労いただきまして」「ご足労をおかけいたしまして」が、相手に来てもらったときの定番の使い方。

□**ご自愛《じあい》**……お体を大切にしてくださいという意味。かつては手紙文、現在ではあらたまったメール文を締めくくるときの定番フレーズ。「時節柄、くれぐれも、ご自愛ください」など。

□**ご懸念《けねん》**……相手の心配を敬語化する言葉。「ご懸念の件」「ご懸念にはおよびません」など。「ご心労」もほぼ同じ意味で、「ご心労をおかけして申し訳ありません」などと使う。

□**ご容赦《ようしゃ》**……「容赦」は許すこと。「ご容赦いただければ幸いです」など。「ご寛恕《かんじょ》いただければ幸いです」という、さらに格調高い言葉もある。

□**ご譴責《けんせき》**……「譴責」は責められ、叱られること。謝罪用の言葉で、「ご譴責の言葉真摯《しんし》に受け止め～」などと使う。「ご叱責《しっせき》」も、同様の意味。

□**ご清聴《せいちょう》**……「ご清聴、ありがとうございました」は、大勢の前で話をしたときの締めくくりの言葉。文章に書くときは、「ご静聴」と書かないように。こちらは、「ご静聴願います」などと使う、静かに聴くという意味の別の言葉。

□**ご高説《こうせつ》**……相手の意見を敬語化する言葉で、「ご高説を承る」が定番の使い方。ただし、皮肉に聞こえるときもあるので、使い方には注意。

◉大人なら使ってみたい「ご」がつく上級敬語

□ **ご愛顧**――「今後ともご愛顧のほど、お願い申し上げます」など。

□ **ご賢察**――「ご賢察のとおり」など。「ご想像のとおり」よりも敬うレベルが高い。

□ **ご研鑽**――「まさしく、長年のご研鑽の成果と存じます」など。

□ **ご精勤**――「長年のご精勤、お疲れさまでございました」と退職者をねぎらうもの。

□ **ご一任**――「ご一任したいと存じ」など。〝丸投げ〟するための敬語。

□ **ご恵贈**――ものをもらったときに使う。「ご恵贈いただいた品」。自分が贈ることではないので注意。

□ **ご高見**――「ご高見にふれ、目から鱗が落ちた思いです」など。

□ **ご高論**――「高見」と同様、相手の意見、見解を敬語化した言葉。

□ **ご高評**――「ご高評を賜りたいと存じ～」など、相手の意見を聞きたいときに使う。

□ **ご海容**――おもに文章で許しを乞う言葉。「どうぞご海容くださいますように」

□ **ご歓談**――「どうぞ、ご歓談ください」など。

□ **ご厚志**——「ご厚志を賜る」が定番の使い方。

□ **ご賛同**——「ご賛同」も賜るもの。「ご賛同を賜り、意を強くしております」など。

□ **ご叱正**——「ご叱正を賜る」は平たくいえば、叱られること。×「ご叱声」。

□ **ご息災**——息災は元気で無事という意味。その敬語化。「ご息災とお聞きし～」など。

□ **ご難色**——「社長様が、ご難色を示されていると伺っています」など。

□ **ご不快**——「ご不快の段、誠に遺憾に存じております」など。

□ **ご立腹**——「ご立腹も、もっともなことと存じます」など。

□ **ご得心**——ご納得より大人っぽい言い方。「ご得心いただければ幸いです」など。

□ **ご隆盛**——「愈々《いよいよ》ご隆盛のことと存じあげます」など。

□ **ご満喫**——ご満足よりも、丁重なニュアンスのある語。「ご満喫いただけたかと」

□ **ご懇意**——仲よくすることの敬語。「ご懇意にさせていただいています」など。

◉「交渉」「会議」で使ってみたい慣用句

□**布石《ふせき》を打《う》つ**……先に起こるべき事態を考えて、用意をすること。本来は、囲碁の序盤で先を見越して打つ碁石の配置。「将来に向けて、布石を打つことになると思います」。

□**穴《あな》を埋《う》める**……損失を補う。欠員が出たとき、代わりの者を入れる。逆に「穴を開ける」は損失などを出すこと。「どうやって、穴を埋めるおつもりですか」など。

□**異《い》を挟《はさ》む**……違った意見をいう。反対意見をいう。「異を唱える」「異を立てる」も同じ意味。会議で反対するときに、「異を挟むわけではないのですが」などと前置きに使われる。

□**涙《なみだ》を呑《の》む**……無念さを耐え忍ぶ。「涙を呑んで、あきらめます」など。

□**名《な》を捨《す》てて実《じつ》を取《と》る**……名目や体裁ではなく、実利を選ぶという意味。「ときには、名を捨てて実を取ることも必要ではないでしょうか」など。

□**白紙《はくし》に戻《もど》す**……何もなかった元の状態に戻す。「白紙に返す」とも。「冗談ではない。この一件、白紙に戻しましょう」など。

□**諒《りょう》とする**……承知する。納得する。「諒」には「まこと」という訓読みがある。仕事関係では、「その回答を以て、今回は諒といたします」といえば、相手の説明に納得したり、謝罪を受け入れたという意味になる。

□**意《い》を酌《く》む**……相手の考えを察して行動すること。「社長の意を十分に酌ませていただいたつもりですが」など。

□**長い目で見る**……気長に将来や先を見守る。焦らずにゆったり構えて、状況に対処するさま。ビジネスでは「長い目で見ていただければ幸いです」というのが定番の使い方。

□**不問《ふもん》に付《ふ》す**……失敗やミス、不祥事などを問題化しないこと。大目に見て、処分しないこと。「今回は情状を酌量し、不問に付しましょう」など。

□**断腸《だんちょう》の思い**……腸がちぎれるほど、辛く悲しい思いをすること。「断腸の思いで、今回はあきらめましょう」など。

□**帰《き》する所**……結局。行きつくところ。「帰する所、結論は明らかじゃないでしょうか」など。

□**絵に描いた餅《もち》**……何の役にも立たないもののたとえ。餅の絵を上手に描いたところで、食べられないことから。「絵に描いた餅では食べられませんからね」など。

□**窮余《きゅうよ》の一策《いっさく》**……困ったときに、苦し紛れに繰り出す策。物事をうまい方法で解決してほめられたときに、「窮余の一策ですよ」と答えれば、謙遜したことになる。

□**時間の問題**……遅かれ早かれ、時間がたてば、そうなるだろうという意味。「先方が折れてくるのも時間の問題でしょう」など。

□**玉虫色《たまむしいろ》**……玉虫の羽のように、光の加減によって変わって見える色。さまざまに解釈できる、あいまいな表現という意味でも使われる。「とりあえず玉虫色の結論で、お茶を濁しておいてはどうかね」など〝先送り〟と〝妥協〟の周辺で使われる言葉である。

□**通りがいい**……世間の人に受け入れられやすい。「小社は、社名よりもブランド名のほうが通りがいいもので」など。

◉「謝る」ときに気持ちを伝える慣用句

□**合わせる顔がない**……面目なくて、その人の前に出られない。「合わせる顔がないとは、このことで」が定番の使い方。「顔向けができない」「顔見せができない」も同様の意味。

□**遺憾《いかん》に思う**……残念に思う。「誠に遺憾に思います」など。

□**面目次第《めんぼくしだい》もない**……面目を失い、まことに恥ずかしいさま。「面目次第もございません」など。なお、「面目を施す」というのは反対の意味になり、名誉が高まること。

□**身の縮《ちぢ》む思い**……体が小さくなるほど、恐れ入ること。「ご迷惑をおかけしたこと、身の縮む思いで反省しております」など。

□**取る物も取りあえず**……大急ぎで。持っていくべき物もとることなく。「取る物も取りあえず、お詫びに参上した次第です」など。

□**不徳《ふとく》の致《いた》すところ**……自分に徳がないという意味。謝罪の場面では、「今回の不始末、私の不徳の致すところと反省しております」などと用いる。

□**赤面の至り**……ひじょうに恥ずかしく思っているさま。「年甲斐もなく、赤面の至りでございます」など。「汗顔の至り」も同様に使う言葉。

□**穴があったらはいりたい**……身を隠してしまいたいほど、恥ずかしい。本格的な謝罪ではなく、恥ずかしいときなどに「穴があったらはいりたいくらいで」と冗談めかして使うことが多い。

◉「相手を持ち上げる」ときに役立つ四字熟語①

□**前途洋洋**《ぜんとようよう》……将来が広々と開けている様子。「前途」は将来、「洋洋」は水が満ちているさま。「前途洋洋の青年」は、結婚式で新郎をほめるための決まり文句。

□**明朗闊達**《めいろうかったつ》……明るくさっぱりした性格。「闊達」は、小さな事にこだわらない気持ちの大きさ。青年を公の場で紹介するとき、「才気に溢《あふ》れ、性格は明朗闊達」のように使う。

□**精励恪勤**《せいれいかっきん》……勤勉に仕事に励むこと。「精励」は力を尽くして仕事に励むこと、「恪勤」は職務を全うすること。昇進した人を「長年の精励恪勤が報われ」などと持ち上げる。

□**正正堂堂**《せいせいどうどう》……卑怯な手段は取らずに事に臨む、正しく立派な態度。『孫子』にある

「正正の旗、堂堂の陣」の略。「正正堂堂たる態度で難局に立ち向かわれ」など。

□**眉目秀麗**《びもくしゅうれい》……顔かたちが優れていて、整っているさま。「眉目」は顔立ち。「秀麗」は優れて美しいこと。

□**才色兼備**《さいしょくけんび》……優れた才能と美しい容貌（色）の両方を兼ね備えた女性のこと。結婚式で新婦をほめるときの決まり文句。男性に対しては使えない。

□**清廉潔白**《せいれんけっぱく》……心が清く澄んでいて、私利私欲に心を動かされないこと。「廉」はけじめ、いさぎよいという意味。「まことに清廉潔白なお人柄で」など。

□**天衣無縫**《てんいむほう》……飾り気がなく、無邪気なさま。もとは、天女の衣には縫い目がないことから、詩文などにわざとらしさがなく、美しいことを指した言葉。

□**豪放磊落**《ごうほうらいらく》……気持ちが大らかで、神経が太く、ささいなことにはこだわらない様子。「豪放磊落なお人柄で慕う後輩も多く」など。

□**志操堅固**《しそうけんご》……どんなことがあっても、自分の志や主義主張を固く守りぬくこと。「志操」は志、「堅固」は固いこと。

◉「相手を持ち上げる」ときに役立つ四字熟語 2

□**不撓不屈**《ふとうふくつ》……どんな困難にも負けないことのたとえ。「撓」はたわむこと、「屈」はくじけること。「不撓不屈の精神で事に当たられ」など。

□**純情可憐**《じゅんじょうかれん》……心が清らかで、自然のままの愛らしさがあるさま。おもに、若い女性をほめるときに用いる。ただし、この形容が似合う女性は減っているので皮肉に聞こえないように注意。

□**春風駘蕩**《しゅんぷうたいとう》……春の風がのどかに吹くさま。転じて、温和な人柄に対しても使われる言葉。「春風駘蕩としたお人柄」など。

□**泰然自若**《たいぜんじじゃく》……ゆったりと落ち着きはらい、物事に動じないこと。「泰然」は落ち着いている様子、「自若」はふだんどおりの態度のこと。「泰然自若たる態度」など。

□**余裕綽綽**《よゆうしゃくしゃく》……これも、落ち着いた態度でゆったりしている様子。「綽綽」は、ゆったりした状態を表す語。

□**悠悠自適**《ゆうゆうじてき》……心のおもむくまま、ゆったりとした気持ちで暮らすこと。「自適」は、束縛されることなく気持ちのままに楽しむこと。「定年後は悠悠自適の生活を送られ」など。

2
言葉の〝大人度〟がアップする練習帖

◉「なにげない言葉」を、丁寧にしてみよう

大人どうしのあらたまった会話では、言葉の選び方が重要。たとえば、「今日《きょう》は」を「本日は」と言い換えるだけで、フレーズ全体の〝あらたまり度〟が急上昇します。以下の言葉をあらたまった言葉に一瞬で変換できますか？

□**きのう→昨日《さくじつ》**……「あした」は「あす」か「みょうにち」。
□**その日→当日**……「当日、お迎えに上がります」など。
□**去年→昨年**……「おととし」は「一昨年」。「来年」は「明年」。
□**今朝→今朝ほど**……「夕べ」は「昨夜」か「昨夕」。
□**明日の朝→明朝**……「明朝お迎えに上がります」など。明日の夜は「明夜」。

□**近いうちに↓近日、近日中に、後日**……「近日、ご連絡差し上げます」など。

□**今↓ただいま**……目上に呼ばれたときは、「ただいま、参ります」。

□**こんど↓このたび**……「このたびは、ひとかたならぬお世話になりまして」など。

□**さっき↓先ほど**……「先ほど、ご連絡差し上げた件ですが」など。

□**あとで↓後ほど**……「後ほど、お伺いいたします」など。

□**前に↓先ほど、先頃、先般**……「先般お目にかかった折に」など。

□**この前↓先日、前回**……「これから」は「今後」、「前から」は「以前から」。

□**夜↓夜分**……「夜分、恐れ入ります」が定番の使い方。

□**すぐに↓早速《さっそく》、早急《さっきゅう》に、至急、ただいま**……「早速、頂戴にあがります」など。

□**もうじき↓まもなく**……「まもなく到着すると存じます」など。

□**相手↓先方、先様**……「先様にも、ご都合がおありでしょうから」など。

□**自分の会社↓小社、弊社**……相手の会社は「御社」「貴社」。

□**私の意見↓私見**……相手の意見は「ご意見」「貴意」。

□**二人↓お二人、お二方、二名様**……三人以上は「○名様」が汎用的に使える。

□**家族↓ご家族様、ご一同様**……「ご家族様によろしくお伝えください」など。

◉「状態」「様子」を表す言葉を、丁寧にしてみよう

□少ない↓些少《さしょう》、多少なりとも、いささか……「些少ではございますが」など。
□多い↓多大……「多大なご迷惑をおかけし〜」など。
□本当に↓まことに……「まことに有り難く存じております」など。
□ちょっぴり↓いくぶん、心持ち……「いくぶんは良くなったかと〜」など。
□忙しい↓ご多忙……「ご多忙のみぎり」「ご多忙中にもかかわらず」など。
□ちゃんとした↓まっとうな……「まっとうな意見だと存じます」など。
□うっかり↓うかつにも……「うかつにも、失念いたしまして」など。
□よい↓結構……「結構なお手前で」「結構な品を頂戴いたしまして」など。

◉身近な「動詞」を〝大人の敬語〞に変えられますか

□書く↓記入する……熟語に「する」をつけてサ変動詞化すると、改まった印象に。

□送る↓送付する……「送付させていただいた書類」など。
□作る↓作成する……「企画書を作成いたしました」など。
□考え直す↓再考する……「ご再考いただけないかと」など。
□頼む↓依頼する……「ご依頼の件につきましては」など。
□贈る↓謹呈、進呈……「謹呈いたします」など。
□隠す↓伏せる……「今のお話、しばらく伏せておいていただけますか？」など。
□暮らす↓お過ごしになる……「つつがなくお過ごしのことと存じます」など。
□考える↓思し召す……「そのあたり、いかが思し召しでしょうか」など。
□知り合う↓お近づきになる……「お近づきのしるしに～」など。
□集まる↓ご参集になる……「お忙しい中、ご参集いただきまして～」など。
□謝る↓陳謝する……「衷心より陳謝する次第です」など。
□呼び立てる↓お呼び立てする……「お呼び立ていたしまして」など。
□帰る↓失礼する、お暇《いとま》する……「そろそろ、お暇いたします」など。
□駆けつける↓馳せ参じる……「ご用命あれば、いつでも馳せ参じます」など。
□（相手が）察する↓ご拝察……「ご拝察のとおり～」など。

□（相手が）座る↓お掛けになる……「どうぞ、お掛けになってください」など。
□（相手の姿を）見る↓お見かけする……「先日、お見かけいたしましたので」など。
□参加する↓末席を汚す……「お言葉に甘えて、末席を汚させていただきます」など。
□借りる↓拝借する……「拝借できれば幸いです」など。
□知らせる↓案内する……「ご案内申し上げます」など。
□問い合わせる↓照会する……「○○の件、ご照会いたします」など。
□心配する↓案じる……「ご案じ申し上げております」など。
□断る↓遠慮する、見送る……「今回は、見送らせていただきます」など。
□可愛がる↓慈しむ……「手塩にかけて慈しまれたご令嬢」など。
□会う↓お目にかかる……〝専用敬語〟の「お目にかかる」を使うと、こなれた敬語に。
□謝る↓お詫びする……「お謝りする」は×。
□与える↓差し上げる……熟語の「贈呈する」「謹呈する」も敬意を含む。
□言う↓お耳に入れる……「申す」「申し上げる」でもＯＫ。
□行く↓伺う、参る、あがる、お訪ねする……この四語は頭に入れておきたい。
□受け取る↓頂戴する、いただく……熟語を使うと「拝受する」。

□**知る・思う↓存じる**……「かねて存じております」「〜と存じ」など。

□**承知する↓承る、かしこまる**……「仰せの件、承りました」など。

□**助ける↓お力添えする**……「微力ながら、お力添えする所存です」など。

□**食べる↓いただく、頂戴する**……「美味しく、頂戴いたしました」など。

□**見せる↓お目にかける、ご覧に入れる**……「よろしければお目にかけたいと存じます」など。

□**聞く↓伺う**……熟語を使うと「拝聴する」。

◉大人なら、こんな言い方を覚えておきたい

□**贈り物↓ご進物、お遣い物**……「ご進物にいかがでしょうか」など。

□**からだ↓おからだ、御身**……会話では「おからだ」。手紙では「御身」。

□**顔↓ご尊顔**……「ご尊顔を拝し、恐悦至極に存じます」など。

□**髪↓御髪《おぐし》**……「御髪がきれいでいらっしゃる」など。

□**足↓おみ足**……「どうぞ、おみ足をお伸ばしください」など。

□**体調↓ご加減、お具合**……「近頃、ご加減はいかがですか」など。
□**客↓お得意様**……「開店来のお得意様でございます」など。
□**意見↓お考え、ご意見、ご高説**……「ご意見を伺いたいと存じ～」など。
□**命令↓仰せ、ご指示、ご用命**……「仰せのとおりにいたします」など。
□**指導↓ご指導、お引回し**……「よろしくお引回しのほどお願い申し上げます」など。
□**服↓お召し物**……「すばらしいお召し物ですね」など。
□**原稿↓玉稿**……「玉稿をお預かりいたします」など。
□**手紙↓書面**……「書面にてご報告いたします」など。

◉知っているようで知らない冠婚葬祭の〝忌み言葉〟

□**結婚式・披露宴の忌み言葉**……切れる　去る　別れる　帰る　離れる　割れる　戻る　出る　重ねる　冷える　破れる　飽きる　滅びる　壊れる　嫌う
□**通夜・告別式の忌み言葉**……いよいよ　重ね重ね　返す返す　たびたび　くれぐれも　ますます　追う　追って　ふたたび　また　重ねて　再三再四　つづいて

なお

□**新築・棟上げ・開店をめぐる忌み言葉**……傾く　燃える　流れる　閉じる　閉める　倒れる　崩れる　焼ける　下がる　壊れる　やめる　たたむ　廃れる　失う　火　煙　灰

□**就任・栄転・転勤をめぐる忌み言葉**……落ちる　流れる　飛ぶ　追われる

□**出産をめぐる忌み言葉**……流れる　落ちる　苦しむ　消える

□**入院お見舞いの忌み言葉**……衰える　朽ちる　倒れる　まいる

□**受験をめぐる忌み言葉**……落ちる　すべる　散る

3

使いこなすと〝教養がある人〟に認定される言葉

◉知的な会話に彩りを添えるキーワード

□**戦略的忍耐**……もとは、オバマ前大統領の対北朝鮮政策を表す言葉。オバマ氏が〝忍耐〟を続ける間に、北朝鮮が核を開発し続けていたことから、否定的ニュアンスが生じ、何もしないことの言い換えとしても使われている。たとえば、「ここは、戦略的忍耐が必要な局面だと思いますよ」は、要するに「もう少し様子を見ましょう」という意味。

□**設計主義**……市場主義の反対語。政府が需給調整や資源分配に積極的に介入する必要があるという考え方。かつては社会主義経済政策の代名詞だったが、いまはすこぶる評判が悪い考え方。「それは悪しき設計主義じゃないの。市場の現実に即して考えなきゃ」などと使われる。

□**悪魔の証明**……「存在しない」ことを証明することの難しさを表す言葉。ローマ法で、所有権の帰属の証明の難しさがこの言葉にたとえられた。「不倫関係になかったことを証明するのは、悪魔の証明のようなものだ」など。

□**神話解体**……「神話」は、誰もが疑わない常識的言説という意味で、「土地神話（地価は決して下がらない）」「原発神話（日本では重大な原発事故は起きない）」などと使われてきた。その解体は、言説とは裏腹のことが現実に起きて、それまで常識とされていたことが崩壊すること。

□**比較考量**《ひかくこうりょう》……見比べながら、判断すること。「考量」は、考え、判断するという意味。「複数の提案を比較考量して、最終的にこのプランに決めた」「どちらの候補者に投票すべきか、比較考量する」など。「比べる」「考える」を重々しくいうための言葉。

□**暗黙知**《あんもくち》……言葉では説明できない知識。要するに、経験や勘のことで、職人技術や経験からの洞察力などは、暗黙知の一種。対義語は「形式知」。こちらは、言葉やデータにできる知識。「ベテランの暗黙知を形式知に変え、若手に伝えることが必要だ」など。

◉さりげなく使えば教養の匂いがするキーワード

□**均衡点**《きんこうてん》……釣り合う場所。「需要と供給の均衡点」といえば、価格と数量との関係を表す需要曲線と供給曲線がグラフ上で交わる場所。「負担と福祉の均衡点を政府は見つける必要がある」など。

□**二律背反**《にりつはいはん》……論理学用語で、本来は、両立しえない両者が両立している状態。一般には多少違う意味に使われ、代表例は平重盛の言葉、「忠ならんとすれば孝ならず、孝ならんとすれば忠ならず」。平たくいえば、「あちらを立てればこちらが立たず」

の関係。

□**善悪二元論**《ぜんあくにげんろん》……世の中を「善」と「悪」の二つに分ける考え方。「彼は物事を善悪二元論でしか考えない」などと、「幼稚な考え」「単純な考え」の代名詞としても使われている。

□**同調圧力**《どうちょうあつりょく》……多数派が少数派に対して、同調するように暗黙裡にかけるプレッシャー。何かと空気を読むことが必要な日本社会は、ことさらに同調圧力が高いといわれる。「同調圧力に抗しきれない」など。

□**予定調和**……予想される陳腐な結末。もとは、ライプニッツの哲学で、「宇宙に秩序があるのは、神があらかじめそのように定められているから」とする説。それが、現在の日本ではネガティブな意味に使われている。「新しい表現を生むためには、まず予定調和を裏切らなければならない」など。

◉相手に〝かしこい人〟と思ってもらえるキーワード

□**時代精神**……ある時代を象徴的にあらわす精神。とはいえ、それが何か具体的にいうのは難しいが、評論文などでは、「時代精神を反映し、無難な作品が好まれている」「時代精神に逆らわなければ、小説を書く意味がない」などと使われている。

□**理論武装**《りろんぶそう》……自分の考えを他者から非難されないよう、理論付けすること。「上司を説得するには理論武装が必要だ」「それで、理論武装できたと思っているのかね」など。

□**遠心力**《えんしんりょく》……円運動をしている物体が受ける力。中心から外側に向かって働く力であるため、比喩的に、中心人物の力が弱まり、人びとが遠ざかるさまの形容に使われる。対義語は「求心力」で、「首相の求心力が弱まり、遠心力が働きはじめている」などと使う。

□**歴史に範《はん》をとる**……「歴史に手本を求める」という意味。評論文などで「歴史に学ぶ」を高尚にいう言葉。「私たちは今こそ、歴史に範をとる必要があるのではないか」など。

□**歴史的コンテクスト**……コンテクストは、文脈、物事の筋道、前後関係のこと。歴史的コンテクストは歴史的文脈、歴史的背景という意味になる。「歴史的コンテクストを踏まえて考えると」という形で使われることが多い。

□**世界史的経験**……世界史に記録されるような大事件を経験すること。ある出来事がきわめて大きな経験であると、アピールするときに用いる言葉。「〇〇という世界史的経験を経て」などと使う。

□**慣性《かんせい》の法則**……物体が、外からの力を受けないとき、現在の動きを続けるという力学法則。比喩的に、反応の鈍い大組織への悪口に使うことが多い。「大組織ほど、慣性の法則が働いて変化に対応できない」など。

◉たったひと言でインテリっぽく見えるキーワード 1

□**最適解《さいてきかい》を求める**……最もふさわしい答えを探すこと。単に「答えを探す」というよりも、「考えに考えて、最上の答えを探し求める」というニュアンスが込められる言葉。「私たちは、困難を乗り越え、最適解を求めていかなければならない」など。

□**総論賛成、各論反対**……全体（総論）としては賛成だが、自分に利害がおよぶ部分（各論）では反対という意味。「行政改革」「社内改革」など、おおむね「改革」と呼ばれるものは、この「総論賛成、各論反対」によって進まないもの。そうした事態や相手に対して、批判的に使われる言葉。

□**定量的**……数字で表現すること。対義語は「定性的」で、数字ではない言葉で表現すること。たとえば、「売り上げ10％アップ」は「定量的目標」。「セールス部門の活性化を図る」は「定性的目標」。

□**二重写し**……映画やテレビなどで、ある画面の上に別の画面を重ねて映す技法。転じて、あるものと別のものが、重なって見えることのたとえ。現在の何事かと過去の何事かが二重写しになるのが、比喩としてのよくある使い方。

□**総花的**……いろいろ盛り込んではいるが、どれもこれも中途半端な状態。おおむね、日本の組織では、各部署の顔を立てようとするため、何事も総花的になりがち。「総花的な対策」「総花的な総理の所信表明演説」など（p169参照）。

□**心象風景**《しんしょうふうけい》……心の中に浮かぶ光景。現実には存在せず、心の中にだけ存在する風景。要するに、「気持ち」を高尚に表す言葉で、「この小説は、作家の心象風景を文章にしたものだ」「どのような心象風景が浮かんでいるのだろうか」などと使う。

□**対症療法的**……その場しのぎの、という意味。本来は、病気を根本的に治療するのではなく、発熱や痛みなど、現在、表に出ている症状を改善するためだけの方策という意味。「そんな対症療法的な対策では、業績は改善しないよ」など。

□ **虚実皮膜**《きょじつひまく》……虚構と現実の間の微妙なところに、真実は存在するという考え方。江戸中期の浄瑠璃・歌舞伎作者の近松門左衛門が唱えた。「伝説の実業家の生涯を虚実皮膜に描いた作品」など。

□ **選択と集中**……経営用語で、競争力のある分野を「選択」して、資金や人材を「集中」的に投資すること。バブル崩壊以降、経営改革のキーワードとなり、今も「トップに求められるのは『選択と集中』だ」などと、お題目のように唱えられている。ただし、なかには選択肢を間違えて集中投資、リスクばかりを高めている企業もある。

□ **自画像**……自分の姿を自ら描いた肖像画。比喩的によく使われ、「この青春小説は、若き日の自分を描いた自画像ともいえる」「田中角栄は、戦後日本の自画像だ」など。

□**非日常**……日常ではないさま。「ふだんの生活とは違う」ことを漢字で表した言葉。「テーマパークという非日常空間」「日常と非日常が交差した瞬間」など。

◉たったひと言でインテリっぽく見えるキーワード2

□**多面体**《ためんたい》……4つ以上の平面からなる物体。転じて、いろいろな面をもち、いろいろな見方ができるものに対して用いる。「アメリカという多面体の国」「寺山修司という多面体的な人物」などが、よく見かける使い方。

□**標準化**……企業社会では、マニュアル化という意味で使われることが多い。たとえば、ある作業に関して、誰がしても同じ結果が出せるよう、標準となる手順を決めること。

□**補助線**《ほじょせん》……幾何学の証明問題を解くとき、図形の中に引くことで解答を導きだせる線。そこから、比喩的に「問題を解決するために役立つ、新しい視点、事柄」といった意味に使われる。「日韓関係を『恨』という言葉を補助線にして考えてみる」など。

□**仮想敵**《かそうてき》……計画を立てるうえで、想定しておく敵。「冷戦時代、日本の仮想敵国はソ連だった」「よい論文を書くコツは、仮想敵をつくり、その人が反論できないような文章を考えることだ」など。

□**逆照射**《ぎゃくしょうしゃ》……あるものを通常とは反対の方向から照らしだすこと。「優れた小説は、現実を逆照射する」など。

◉一生のうち、一度くらいは使ってみたいキーワード[1]

□**同時代**……同じ時代、同じ時期。評論文では、単に時期が同じというだけでなく、文化、価値観、思想を共有するという意味で使われる。「ジャンルは別だが、同時代性を感じさせる作品」など。

□**射程《しゃてい》が長い**……一般には、銃弾が届く距離が長いことだが、比喩的には「遠く先まで見据えている」という意味で使われる。「射程を長くとった小説」「射程を長く見据えた経営計画」など。

□**普遍性《ふへんせい》**……いつの時代にも、どんな場面でも通用すること。「普遍性を備えている」「普遍性を欠く」がよくある使い方。「もうすこし普遍性のある議論が必要ではないですか」といえば、相手の意見が主観的すぎることをやんわり指摘できる。

□**多層性**……いくつもの層があるさま。論説文では、「日本文化の多層性」「歴史の多層性」など、おもにさまざまな要素が絡み合っていることの形容に用いる。「重層性」も、ほぼ同じ意味。

◉一生のうち、一度くらいは使ってみたいキーワード２

□**二項対立**……もとは論理学用語で、二つの概念が矛盾、対立している状態を表す。具体的には、善と悪、右と左、西洋と東洋、男と女など。「問題は、その二項対立をどう解消するかだな」などと使われている。

□**ミネルバの梟**……ローマ神話の女神ミネルバに仕えている梟のことで、知恵のシンボル。ドイツ哲学者ヘーゲルの『法の哲学』にある「ミネルバの梟は黄昏に飛び立つ」という言葉で有名。「業界のミネルバの梟」など、練達の知恵者に対して使うとぴったりくる表現。

□**魔の川、死の谷、ダーウィンの海**……研究と開発（製品化）の間にある〝川〟（障壁）を意味する言葉。この段階で、多数のアイデア、研究成果が溺れ死ぬことになる。その後、開発から事業化の間の障壁を「死の谷」、市場に出してから生存競争を戦い、自然淘汰されるかどうか決まる過程を「ダーウインの海」と呼ぶ。この川、谷、海を乗り越えないと、商品はマーケットでは生き残れないというわけ。

□ファウスト的……ファウストはドイツの伝説上の人物。悪魔と契約を結び、自らの魂と交換に、無限の知識と幸福を得た人物。ゲーテの著作などで世界的に有名になり、さまざまな言葉に用いられてきた。「ファウスト的衝動」といえば、人生におけるあらゆる幸福と苦痛を体験したいとする衝動。「ファウスト的取引」といえば、壊滅的なリスクを伴う超ハイリスク・ハイリターンの取引のことで、「原子力というファウスト的取引」など。

□コインの裏表……二つの物事が、切っても切れない関係、の表裏一体の関係にあることを表す言葉。「コインの裏表のような関係」という形でよく使われるが、「裏」という言葉を含んでいる分、不用意に使うと、相手に「どっちが表で、どっちが裏なんだい?」と思われることもある。

□**仮構**……実際にないものを、想像によってつくり出すこと。「仮構の世界」「それは仮構の話だろ」などと使う。意味が近い「虚構」に比べ、使用頻度が低かった言葉だが、バーチャル技術の進歩に伴って、使われる機会が増えている。

□**通奏低音**……もとはバロック音楽の用語で、評論文などで比喩的に「底流にある考え方」という意味で、よく使われてきた言葉。「○○への願いが通奏低音のように響く文章」、「客観的に見えても、通奏低音は△△への批判だ」などと使われる。

◉ネガティブな言葉を高尚に見せかけるコツ

□**堕天使**《だてんし》……神に反逆し、下界に落とされた元天使。神や天使と対立し、人間を堕落させる存在。日本の出版界では、グラビアアイドルらに「堕天使」という〝冠〟をかぶせることが多い。

□**反面教師**……悪い見本として、参考になる人や物事。要するに、「そうはなりたくない」と思わせるような人。「私の周囲には反面教師しかいなかった」「口先だけの上司を反面教師にする」など。「○○を反面教師にして」という言い方もよく使われる。

□**既視感**《きしかん》……一度も見たことがない光景のはずなのに、見たことがあるように思う感覚。「デジャブ」。評論文では、過去の不祥事と似たような事件が起きたときに、「既視感のある光景が広がっている」などと皮肉る。

□**劣化**《れっか》**コピー**……複写機でコピーを重ねると、質が劣化していく。そこから、二番煎じの商品や模造品を指す。「アイドルBは、アイドルAの劣化コピーだ」「今度の新曲は、かつての自分が作った曲の劣化コピーに過ぎない」などと、侮蔑的に用いる言葉。

4 カタカナ語を使えば、表現力が面白いほどアップする

◉〝いまどき〟のカタカナ語を自分の言葉に加えておこう

□**リブート**……「再起動」を意味し、もとはコンピュータ関連で使われてきたが、近年、『猿の惑星』のリブート・シリーズなど、かつてヒットしたシリーズの新作品をつくる際に使われはじめ、しだいに一般にも広まっている言葉。「あのプロジェクト、リブートしてみようか」など。

□**ヘリコプターペアレント**……子供に対して、過干渉な親。上空を旋回するヘリコプターのように、たえず子供のそばにいて、管理、干渉し続けるところから。あるいは、救援ヘリのように、困難に突き当たった子供をすぐに助けてしまうところからのネーミング。

□**パックス・シニカ**……「パックス」（Ｐａｘ）は、特定の大国支配のもとでの平和を意味する言葉。パックス・ロマナに始まり、パックス・ブリタニカ、パックス・アメリカーナと使われてきた。現在は「パックス・シニカ」（中国の覇権による平和）という表現が使われはじめている。なお、江戸時代を「パックス・トクガワーナ」という表現もある。

□**ビッグピクチャー**……二つの意味で使われ、ひとつは文字どおり「大きな絵」＝大戦略の具体的なイメージという意味で使われている。「ビッグピクチャーを描く」「ビッグピクチャーを提示する」など。もうひとつの意味は「大局」や「問題の全体像」で、こちらは「ビッグピクチャーを把握する」などと使われる。

□**ボーイ・ミーツ・ガール**……「少年が少女と出会う物語」という意味で、恋愛小説・映画・アニメなどのストーリー・テーリングでは、王道的な手法。おおむね、少年がひょんなことで少女と出会い、二人は協力して困難に当たりながら、恋を育んでいくという、ストーリーが展開する。そこから「月並みなロマンス」という悪口としても使われる言葉。

□シングルストーリー……ひとつの「ストーリー」（固定観念）で、物事を単純に認識することの危険性を示す言葉。たとえば、トランプ大統領の「米経済の不振は中国のせい」という論法は、その代表格。ある問題の責任を一つの集団に押しつける場合に乱用されがち。

□クリーム・スキミング……直訳すると、牛乳からおいしいクリームだけをすくいとるという意味。そこから「いいとこ取り」という意味で使われ、経済学や経営学では、新規事業者などが、需要のうち、大きな利益の出る部分にのみ、商品やサービスを提供することをいう。

□リベラルアーツ……日本では「教養」と訳されるが、本来は古代ギリシャを起源とする〝人を自由にする学問〟の総称。具体的には文法、修辞、論理、算術、幾何、天文、音楽の「自由七科」を指す。「欧米では、リベラルアーツを備えていなければ、リーダーにはなれない」などと使われる。

□**メタレベル**……近年、メタ認知、メタ思考、メタフィクションなど、「メタ」で始まる言葉の使用が増えている。「メタ」は「高次の」「超〜」という意味で、「メタレベル」は「一段高いレベル」という意。「この問題は、メタレベルの思考が必要だと思います」などと使われているが、その具体化は難しい。

□**レッドライン**……越えてはならない一線のこと。たとえば、外交関係では「越えた場合は、ただではすまない（軍事行動も辞さない）」一線を意味する。ビジネス交渉では「譲れない一線」を意味し、「あらかじめレッドラインを決めておく」などと使われる。

□**メインストリーム**……ストリームは小川や流れ、メインストリームは本流、主流のことで、もっぱら「主流派」という意味で使われている。「メイストリームには逆らえない」、「現代美術のメインストリームは～」などと使われている。

◉気になるカタカナ語を自分の言葉に加えておこう

□**アマルガム**……正しくは、合金すべてではなく、水銀と他の金属の合金を指す言葉。そこから、比喩的に融合物、混じり合ったものという意で使われる。「アメリカはアマルガムのような国」など。

□**サーガ**……本来は、古北欧語による散文作品群を指す言葉。そこから、長編の叙事物語という意味が生じ、とりわけわが国では、長編のファンタジー作品、冒険物語という意味で使われている。

□**メンター**……指導者、助言者、師匠のこと。「何事も、よきメンターがほしいもの」などと使う。なお、企業の人事制度では、新入社員に対し、仕事だけでなく、個人的問題まで相談にのり、指導・サポートする人を指す。こうした企業内「メンター制度」はアメリカで始まり、現在、日本企業にも広まりつつある。

□**スクラップ・アンド・ビルド**……もとは、老朽化した設備を廃して、高性能の新設備に置き換えること。英語の頭文字をとって「S＆B」と略されることもある。ただし、現実的には、「スクラップ」ばかりが進んで、「ビルド」がいっこうに行われてないこともよくある。

□**アポリア**……ギリシャ語では、通路のないことを意味し、そこから解決不能を意味するようになった。「アポリアな状態に陥る」など。

□**ハイアラーキー**……以前は、ドイツ語読みで「ヒエラルキー」といっていたのだが、近年は英語読みで「ハイアラーキー」ということが増えている言葉。階層構造のことで、上下関係がはっきりしたピラミッド型の秩序を表す。

□**コピーキャット**……英語で「模倣犯」のこと。日本語では「猿まね」というが、英語でネコになるのは、ｃａｔがこそ泥というニュアンスを含むところから。この言葉、ＩＴ時代に入ってから、「人真似」のコンテンツを制作する者という意味でも使われている。

◉使ってみるとクセになる教養のカタカナ語

□**ケミストリー**……ケミストリーは「化学」という意味で使われてきたが、近年は人間同士の「相性」という意味でも使われている。たとえば「安倍とプーチンはケミストリーが合うようだ」など。この意味での使用は、１９９０年代、アメリカンフットボールのＮＦＬで「チーム・ケミストリー」という用語が使われはじめたことから、一般にも広まった。

□**ダイバーシティ**……「多様性」のことで、性別、人種、年齢、学歴、思想などに関係なく、多用な人材を活用するという、マネジメントにおける考え方。もとは１９９０年代のアメリカで、マイノリティや女性を差別せず、積極的に採用するという動きから始まった。「ダイバーシティ経営」「ダイバーシティの推進」などと用いる。

□**ルサンチマン**……恨み。とくにニーチェが、弱者の強者に対する憎悪という意味で使ったことで知られる。「庶民のルサンチマンが、革命の原動力になった」「ルサンチマンの克服こそが重要」など。

□**アイロニカル**……皮肉な。皮肉を含んでいる。「シニカル」と似ているが、シニカルが「冷笑的」「小バカにした」といったニュアンスを含むのに対し、アイロニカルは状況や事例に対して使い、相手への悪意は含まない。「彼の置かれた状況は、アイロニカルなものだった」など。

□**マージナル**……周辺にあるさま。境界にあるさま。あとに、他の単語を続けることも多く、「マージナルコスト（限界費用）」は、物を新たに一つ作ったり売ったりするのに必要なコスト、「マージナルマン（境界人）」は、二つの異なる文化・集団に属しながら、どちらにも完全に属することができない人のこと。

□**シュリンク**……縮むこと。収縮。「経済がシュリンク傾向にある」「シュリンクする業界で、いかに生き残るか」など、経済やビジネス用語として使われることが多い。

□**ソリッド**……固体。堅固なさま。硬質であるさま。「ソリッドな素材」のように、物に対して使うこともあれば、「ソリッドな文体」のように比喩的に用いることもある。

□**マイルストーン**……起点からの距離を示すため、道路に立てられた里程標。一里塚。転じて、物事の進行を管理するために設ける節目、人生や歴史における画期的な出来事。「プロジェクト成功の鍵は、適切なマイルストーンの設定にある」「科学史上、マイルストーンとなる発明」などと使う。

□**ジャイアント・キリング**……大番狂わせ。直訳すると「巨人を倒す」という意味。

2015年秋、ラグビーワールドカップで、日本が南アフリカという〝巨人〟を破るという大番狂わせを起こしてから、耳にする機会が増えた。

□**オーセンティック**……「本物の」「正統な」「確実な」といった意味。保守的で高級イメージの強いものを形容する言葉。「彼はオーセンティックなファッションが好きだ」など。「オーセンティック・バー」は、昔ながらの雰囲気を保つ大人のバーのこと。

◉ビジネスパーソンならこのカタカナ語は外せない

□**キャッチー**……「人に受けそうな」「注意をひきそうな」という意味。モノや音楽、言葉などの形容に使う。「キャッチーなデザイン」「キャッチーなメロディ」「キャッチーな表現」など。

□**グランドデザイン**……全体構想。都市開発など、大規模事業を行なうときなどに使われる言葉で、長期にわたる壮大な図案、設計。似た言葉に「マスタープラン（基本計画）」があり、こちらは、より具体的な計画を指す。

□**ロールモデル**……規範・模範となる人。「あの人のようになりたい」と思う、憧れの存在。「スティーブ・ジョブスというロールモデル」「私は、課長をロールモデルにして励んできました」などと使う。

□**トップヘビー**……組織などで、肩書の立派な人が多すぎて、物事が円滑に進まない状態を指す。「わが社はトップヘビーで、世代交代がいっこうに進んでいない」など。もとは、船舶の重心が高く、転覆しやすい状態のこと。

□**トレードオフ**……何かを得るためには、何かをあきらめざるを得ない関係のこと。たとえば、「素材にこだわれば、価格を高くせざるを得ない」といった関係のこと。「失業率の低下と物価の上昇は、トレードオフの関係にある」など。

□**リージョナル**……地域的。局部的。地方の。「リージョナル・ジェット」は、客席数50～100程度の地域間輸送用旅客機。「リージョナル・チェーン」は、全国ではなく、特定の地域だけに展開するチェーン・ストア。

□**ストラテジー**……戦略。本来は軍事用語だが、政治、経済の分野でも使われる。「グランド・ストラテジー」は、企業の大規模戦略や国家戦略のこと。「あの企業のグランド・ストラテジーは、どのようなものか」など。

□**ランドマーク**……目印になる建物。国や地域を象徴する建物や自然物などに用いる。「近くにランドマークになる建物はありませんか」「大文字山は、京都のランドマークだ」など。

□**グレーゾーン**……曖昧な領域。白とも黒とも言えない場所。合法か違法か判断しにくい行為に用いることも。「その話はグレーゾーンだから、気をつけたほうがいいよ」など。

□**ティッピングポイント**……ティッピングは「傾く」。それまで緩やかだった変化が、あるとき突然、大きく速く変わりだす分岐点。物事が急速に変化する直前。「いま思えば、あの日の判断がティッピングポイントだった」など。

□**リーダブル**……「読みやすい」という意味で、「リーダブルな小説」などと使われる。近年は、デジタル用語としても使われ、「マシンリーダブル」といえば、情報をデジタル化し、機械やコンピュータが直接読み取れる形式になっていること。

□**カウンターパート**……ビジネスや政治で、「交渉相手」の意味で使われている言葉。「アメリカの国務長官のカウンターパートは、外務大臣」、「ラオスでのＮＧＯ活動は、政府機関がカウンターパートになる」など。

□**リードタイム**……所要時間。商品を発注してから、手元に届くまでの時間。あるいは製造命令が出てから、製品が完成するまでの時間。近年、日本経済では、生産、流通、開発などのさまざまな現場で、リードタイムの短縮化が重要課題となっている。

□**ボトルネック**……隘路。瓶の首が狭いことから、物事を進めるうえでの妨げとなるもの。コンピュータ用語では、うまく作動しない原因や性能向上の妨げとなるものを指す。「生産工程のボトルネックを探す」など。

◉ビジネスシーンで効果テキメンのカタカナ語

□**オールインワン**……いくつかの機能や物が、一つにまとめられている状態。「オールインワン化粧品」なら、1本で化粧水、乳液、美容液、クリームなどの機能を持つ化粧品。洋服の「オールイン」は、上着とズボンが一体化したもの。

□**悪魔のスパイラル**……スパイラルは「らせん」。悪魔に魅入られたかのように、悪い出来事が連鎖的に起こり、抜け出せなくなること。「デフレは悪魔のスパイラルを招く」「悪魔のスパイラルから抜け出すには」など。

□**ゼロサムゲーム**……参加者全員の勝ち負けの「総数（サム）」が、つねに「ゼロ」になるゲーム。株式売買のように、経済状況によって大半が儲けたり損したりするのではなく、必ず勝者と敗者が出るゲーム。その典型が、外国為替市場。予想がはずれた人たちの掛け金を、当たった人たちで分け合う競馬も、ゼロサムゲームの一種。

□**トランスフォーメーション**……変形、変質、変化。いろいろな分野で使われる言葉だが、経済学では経済構造の近代化、企業経営では事業構造・業務プロセスにおける大改革を指す。たとえば、企業経営関係で「カルチャー・トランスフォーメーション」といえば、「企業文化の改革」という意味になる。

□**ゲームチェンジャー**……大改革をもたらす出来事、または人、企業、製品など。もとはスポーツの試合で、途中で登場して、流れを一気に変えてしまう選手のこと。「彼は、業界の常識を一変させたゲームチェンジャーだ」など。

□**ワーキングチーム**……特定の問題を解決するために設けられる集団。作業部会。ワーキンググループともいう。

□**タスクフォース**……軍隊で、任務のために編成された部隊のこと。機動部隊。ビジネスでは、特別な任務を行なうため、一時的に編成されたチームを指す。その多くは、組織内の各部署から横断的にメンバーが招集される。

◉「経済メディア」で何かと話題のカタカナ語

□**テールリスク**……マーケットにおいて、戦争や大災害、大規模テロなど、起こる確率はきわめて低いが、起きると経済環境や株価などに甚大な影響を与えるリスクを指す。「ブラックスワン」も同じ意味で使われる。こちらは〝黒い白鳥〟はめったにいないことから。

□**ガーファ（GAFA）**……現在、ＩＴ市場を席巻している超大企業の頭文字を並べた言葉。グーグル、アップル、フェイスブック、アマゾンを総称する。また、同種の言葉に、ＦＡＮＧ（ファング）があり、こちらはフェイスブック、アマゾン、ネットフリックス、グーグルを総称する。

□**ソフトパッチ**……英語で、雨などで地面がぬかるんだ状態のこと。転じて、経済成長が一時的に鈍化したり、足踏み状態になること。「ソフトパッチ後のアメリカ経済を予測」「日本経済のソフトパッチは、いつまで続くか」などと使う。

□**ナッジ**……近年、話題の行動経済学の言葉。ナッジ（nudge）は「そっと肘で押す」という意味で、コストをかけない小さな仕掛けで人の行動を大きく変える手法という意味で使われている。たとえば、男性小便器の内側にハエの絵を描いただけで、利用者がそのハエを狙って放尿するため、清掃費が80％減ったという話がナッジの成功例として有名。

□**イベントリスク**……大災害、テロ、要人の死、グローバル企業の倒産など、突発的な出来事（イベント）によって、世界経済が大きく混乱する危険性（リスク）。マーケットの大暴落を招く。「イベントリスクに翻弄される世界経済」など。

□**ソフトランディング**……軟着陸。経済用語では、加熱した景気を急激な景気後退を招くことなく、安定成長路線に移行させること。対義語は、ハードランディング。「中国経済のソフトランディングは可能か」など。

□**ステークホルダー**……企業活動における利害関係者。株主、従業員、消費者、取引先、債権者などが、これに含まれる。地域社会や、行政機関を含むことも。「企業経営は、ステークホルダーの期待に応えることが重要」など。

□**アルゴリズム**……問題を解いたり、課題を解決するための方法、手順のことで、おもにコンピュータ関係で用いる。コンピュータが高速で計算するには、効率的なアルゴリズムが必要。コンピュータが判断して自動的に売買を繰り返す、超高速の株式取引を「アルゴリズム取引」と呼ぶ。

□**フラット化**……平坦化。「組織のフラット化」といえば、管理職を減らし、ピラミッド型の組織から、下位者が主体的に働ける組織にかえること。あるいは、インターネットの普及により、世界中の国々が同じような環境になることも指す。「フラット化する世界で、日本は相対的には貧しくなる一方だ」など。

□**バズワード**……おもにＩＴ関連で、そのときどきで世間をにぎわす言葉を指す。「バズ」は、蜂のブンブンという音のこと。

□**エキスパートエラー**……専門家が、専門知識がありすぎるゆえに犯す失敗。たとえば、災害時、行政が公平さを重視するあまり、避難を遅らせてしまうといったケースのこと。

□**ロングテール**……1品あたりの販売額はわずかでも、多品種をそろえることで全体の販売額が大きくなるという考え方。ネット販売の商品構成を説明するときによく使われる。販売数を縦軸、商品数を横軸にして、売れるものから順に並べると、長く緩やかに伸びるグラフになる。その形が長い尻尾（ロングテール）のように見えることから。

◉「政治メディア」で何かと話題のカタカナ語

□**ポピュリスト**……政策よりも、人気の獲得を優先する政治家。嘲笑的に使うことが多い。世界的にポピュリストが政権を獲得したり、ポピュリズム政党が党勢をのばすケースがあいついでいる。

□**ドラゴンスレイヤー**……対中強硬派を指す語。竜を倒す人という意味。パンダスラッガー（パンダを殴りつける人）という同義語もある。一方、対中妥協派、親中派はパンダ・ハガー（＝パンダを抱く人）と呼ばれる。

□**ポリティカル・コレクトネス**……直訳は「政治的正しさ」で、人種・宗教・性別などの違いによる偏見や差別を含まない中立的表現を用いること。この観点から従来とは違う言葉に置き換えられた言葉に、「看護婦→看護師」「肌色→ペールオレンジ」などがある。

□**ツキジデスの罠**……新興国が成長し、大国化する過程では、それまでの覇権国と衝突し、戦争状態になる可能性が高いという歴史法則。古代ギリシャの歴史家ツキジデスにちなむ言葉。今は、中国（新興大国）とアメリカ（覇権国）の衝突を憂慮する文脈で、よく使われている。

□**ソフトターゲット**……テロ攻撃を行なうにあたり、警備が手薄で標的にしやすい場所や人のこと。レストラン、コンサートホールなど、不特定多数が集まる民間施設や、そこに集まる人がこれにあたる。軍事施設など、攻撃しにくい場所は「ハードターゲット」。

□**チョークポイント**……地政学における概念。海洋覇権を目指すにあたり、重要となる水上の要衝。直訳は「締めることで、相手を苦しめられるポイント」。「宗谷海峡は、中国が海洋進出を狙ううえでのチョークポイントとなる」「チョークポイントに機雷を設置する」などと使う。

□**グレートゲーム**……19世紀から20世紀初頭にかけて、中央アジアで行なわれたイギリスとロシアの覇権争奪戦。現在は、中国、インド、アメリカ、ロシアなどの間で、中央アジアの利権獲得競争が行なわれており、「新グレートゲーム」と呼ばれている。

□**レガシー**……遺産。政治用語としては、政治的業績。とくに後世の歴史家らによる評価を意識した業績を指す。「オバマ政権8年間のレガシーは何だったか」など。

□**レームダック**……直訳すると「脚の不自由なアヒル」。任期終了間近で、影響力を失った政治家のこと。とくに、大統領、総理大臣、内閣に対して用いることが多い。「レームダック状態の大統領には期待できない」「参院選の惨敗で、現政権はレームダックに陥った」など。

□**サイレントマジョリティ**……物言わぬ多数派。積極的な発言はせず、マスコミでもとりあげられることが少ないが、じつは大勢を占める人たち。「声なき声」とも。「サイレントマジョリティの存在を忘れるな」などと使う。対義語は、「ノイジー・マイノリティ（声高な少数派）」。

□**ガラスの天井**……「見えない障壁」といった意味で、能力があるにもかかわらず、性別や人種などによって昇進を阻まれること。「ガラスの天井を壊すことが、真の男女共同参画社会の実現につながる」など。

5 言葉が魅力的な人は「たとえ」の使い方を知っています

◉「身近なもの」や「人」にたとえる

□**横綱級の**……スポーツは比喩のわかりやすい材料になる。見出し語の「横綱級」は、その分野のトップであることを意味し、「横綱級の国宝」などと使われる。「四番打者」「エース」「チャンピオン」は、その分野の一番の実力者。「論壇のハードパンチャー」や「ミステリ界の女王」といった比喩もわかりやすく成立する。

□**浦島太郎のような心境**……昔話や童話は、誰もが知っているので、わかりやすい比喩を作る題材になる。見出し語は、時代についていけないという意味。「今浦島」(今ここにいる人が浦島太郎のようであるという意)という言葉もあるくらい。

□**風船のように軽く扱われる**……「風船」は、軽いもの、軽々しく扱われるものの代名詞。また、羽毛（羽）も軽いものの代名詞で、「人命を羽毛のように軽々しく扱う」などと使われる。

□**すごろくの上がりのような**……ゲームも比喩の材料によく使われる。見出し語は「すごろくの上がりのようなポスト」などと用いられる。ほかに、「ポーカーのような駆け引き」「丁半勝負に出る」など。

□**補助輪がはずれる**……「車輪」は、慣用句でも「車の両輪」「大車輪の働き」など、さまざまな形容に使われる言葉。「補助輪をはずす」は、人の援助を必要としなくなり、独り立ちするという意味の比喩。よく使われ、まもなく慣用句に昇格しそうな言葉。

□**片方の手に剣を残している**……「武器」は比喩表現の有力な材料。見出しのフレーズは、握手していても、もう一方の手には剣を握りしめているという意で、一見友好的だが油断はしていないという意味になる。また、「聞きかじった話を鎧《よろい》とする」といえば、今聞いたばかりの話を論拠にするという意味。「パーティに銃を持ち込むようなもの」は、場違いで不穏な言動をすることの形容。

□**砂漠で砂を売るようなもの**……見出し語は、愚かな売り方をすると、商品が売れないことを意味するフレーズ。このバリエーションとして、「山奥に自販機を置くようなもの」「コメ作り農家にコメを売るようなもの」など、さまざまに工夫できる。

◉「体」を使ってたとえる

□**指を鳴らすような態度**……喧嘩腰、戦闘モードになることの形容。「すぐに指をぽきぽきと鳴らしはじめる大国」など。

□**首から下で考える**……頭だけで理詰めに考えるのではなく、体験や経験を通して考えるという意味。「体で考える」も、同様の意味の比喩的表現。なお、「臍《へそ》の下」

は下半身を意味し、性的なニュアンスを含む。

□**体から血を奪われていくような感じ**……「血」は比喩表現によく使われる材料。「冷血動物」「じょじょに血を抜き取られるように」などは、よく見かける表現。「ブルー・ブラッド」といえば、高貴な血統を意味し、ハプスブルク家の血脈の代名詞。

□**胃の丈夫な**……清濁合わせ飲み、何でも消化してしまうような、懐の深い人柄や組織の形容に使われる。「胃が丈夫だった頃の自民党」など。ほかに〝消化器系〟では、「咀嚼《そしゃく》力がある」「消化力がある」（ともに、物事を理解する力や対処する力があるという意）などがよく使われる。

□**心臓に剛毛が生えているような性格**……「心臓に毛が生えている」は手垢がついた表現なので、「剛毛」という語を使い、新鮮味を出そうとした表現。このように、体関係の慣用句は、少しずらしたり、過剰にすることで新鮮味を生み出せる。たとえば「目からうろこが落ちる」を「目からうろこが何枚も落ちる」とするように。

□へその緒のようにぶらさげている……何事か、昔のことをひきずっているときに、使われる比喩。「古臭い考え方をへその緒のようにぶらさげている」など。

◉「天気」「気象」を使ってたとえる

□霧が立ち込めている……行く先が見通せない様子の形容として、使われている。「霧」は「雲」や「霞《かすみ》」とともに、先が見通せないときの比喩に使われる。「プロジェクトの前途に霧が立ち込めている」など。「濃霧」「暗霧」が立ち込めれば、先行きはいよいよ暗くなる。

□霧が晴れるような思い……こちらは同じ「霧」でも、長年の疑問が解ける、方策が見つかるなど、何らかのアイデアに恵まれたときの形容。「雲間から光が差すような」も、同じ状況で使われる。

□**霞《かすみ》がかかったように見通しが立たなくなる**……これは、「霧」のかわりに「霞」を使ったパターン。先が見通せないときに使う比喩。

□**土砂《どしゃ》降《ぶ》りのような不景気**……経済の景気は、晴れ、曇り、雨などの天候にたとえられる。「薄曇り状態の日本経済」「景気は土砂降りだ」など。なお、景気ではないが、かつて日本経済に力があったときは「集中豪雨型の輸出」とアメリカから批判を浴びたもの。

□**今の経済成長率は、追い風参考記録**……「風」で比喩によく使われるのは、追い風（順風）と向かい風（逆風）。ほかに、台風も「台風の最中に、窓を開け放つように」（愚かなことをするたとえ）や「迷走台風のように」などと使われる。

□**雨粒が大きくなる**……天候や気象、風景の描写は筆力・表現力の見せどころ。雨について描写する場合、「雨が激しくなる」では、いささか芸がない。「雨粒が大きくなる」のほか、「雨脚が速くなる」「雨音が大きくなる」くらいの表現はひねりだしたい。

◉言葉はこんなふうに形容できる

□**言葉に体温がこもる**……言葉が実体験や実感に裏打ちされているという意味の比喩。単に「言葉に実感がこもっている」よりは、工夫された表現といえる。

□**長調で話す**……音楽の「長調」は、明るく陽気であるさまの代名詞。一方、「短調」は暗く陰にこもっているさまの代名詞。ともに、言葉以外の形容にも使える。「音楽でいえば長調のような性格」「短調に編曲されたような物悲しさ」など。

□**強い磁力を放つ文体**……「磁力」は〝不思議な力〟の代名詞。人を魅きつける力の形容に使われることが多い。見出しにした語は、単に「魅力ある文体」というより、〝磁力を放つ表現〟といえる。

□**主語は人間のはずである**……これは、文章の締めあたりで使えるパターン。「主語は有権者のはずである」「主語は消費者のはずである」「主語は世界のはずである」など。

□**言葉で厚化粧しても**……言葉で飾ったところで、という意味。「厚化粧」は、ほかに「糊塗《こと》」「隠蔽《いんぺい》」の代名詞としてよく使われる。「決算に厚化粧を施したところで」など。

□**本音のナイフを突きたてる**……本音で迫るという意味だが、「ナイフ」という武器を比喩の材料にすることで迫力が増している。

◉**「感情」「気持ち」はこんなふうに形容できる**

□**空気が抜けるように、やる気を失う**……「空気が抜ける」は、タイヤなどの空気が抜けると張りが失われるところから、勢いを失うさまの形容に使われる。心情の形容では、モチベーションが落ちる様子を表すのによく使われる。

□**幽霊《ゆうれい》を見るような**……「〜を見るような」は、驚きや恐怖の感情を表すときによく使われるパターン。「白昼に幽霊を見たように驚く」など。

□**氷《こおり》で頬《ほお》を撫《な》でられるような**……ぞっとする様子の比喩表現。「ナイフで頬を撫でられるような」も、同様の意味の表現。

□**涙腺《るいせん》が決壊《けっかい》する**……「涙が溢れる」という語を大げさにした表現。涙腺をダムに見立て、「決壊」という言葉で強調表現にしている。

□**悔しさをガソリンにする**……「ガソリン」「燃料」「エネルギー源」は、モチベーションを維持する源という意味で、よく使われる。「嫉妬をエネルギー源にして努力する」など。

□**秒針の動きが、分針にも時針にも思える**……時間を長く感じる気持ちを形容するフレーズ。「時間の歩みを遅く感じる」「時計の針がなかなか進まない」などの表現は手垢がついてきているが、工夫を加えれば多少は新鮮に聞こえるもの。

◉「周囲の環境」はこんなふうに形容できる

□**聞こえてくるのは自分の足音だけ**……静かであることを形容する常套句。紀行文などで、山中を歩くときの形容によく使われている。

□**心音《しんおん》すら聞こえてきそうだ**……これも前項と似た表現で、自分や相手の心臓の鼓動音が聞こえてきそうなほどに、静かであるという意味。あるいは、それくらいに心臓が激しく鳴っているような興奮状態にあるという意味でも使える。

□**尺玉が弾《はじ》けたような騒《さわ》ぎ**……「花火」は、開いてすぐに消え去ることから、「儚《はかな》い」ことの代名詞だが、その華やかな様子から、派手な出来事の形容にも使える。

「花火を打ち上げる」といえば、派手に宣言するさま。「尺玉が弾けたような」といえば、並ではない大騒ぎであることの比喩になる。

□**吸い込まれそうなほどに暗い**……明かりがまったくない真っ暗闇を表す表現。陳腐化しかかってはいるが、実感的なので、まだしばらくは使えそう。

□**空中戦のような議論**……「戦法・戦術」で比喩によく使われるのは、空中戦、地上戦、持久戦、塹壕戦あたり。たとえば、選挙用語では、テレビを利用したり、ビラをまいたりする不特定多数への働きかけを「空中戦」、戸別訪問など、特定有権者に働きかける手法を「地上戦」と形容する。

□**〇〇の時計は午後5時をさしている**……時間帯も比喩の材料になる。見出し語は「黄昏《たそがれ》を迎えている」（終わりが近づいている）という意味。

□**演劇空間**……「演劇」関係の言葉は、芝居じみたことが行われている場の比喩に使われる。「予算委員会という、出来の悪い芝居」「株主総会という田舎芝居」など。なお、「書き割りの舞台のよう」といえば、舞台装置が安っぽいことの形容。

□沈まない船はない……「船」は、企業などの組織の代名詞によく使われる。「沈まない船はないし、潰れない会社はない」「右に傾いて沈没しかねない船（政権が右傾化し、倒れかねないという意味）」など。なお、かつては「○○丸」（○○には社長など、トップの個人名がはいる）が特定組織を表す語として、雑誌などでよく使われていたが、手垢がつきすぎて今は廃れている。

6 「逆説」「対句」……言葉に敏感な人に学ぶ表現の技法

◉相手の関心を惹きつける逆説表現

□**古くて、新しい〇〇である**……逆説表現の定型のひとつで、「昔からあるが、今も存在し、かつ重要」という意味。〇〇には「課題」「テーマ」などの言葉がはいる。

□**敗れてなお強し**……前項と似たパターン。「敗れる」「強い」という反対の意味に近い語を組み合わせている。「敗れてなお強しと思わせた〇〇高校の戦いぶり」など。

□**事実などは存在しない。ただ解釈だけが存在する**……ニーチェの言葉。この「〜ではなく、〇〇」も、逆説的表現の基本パターン。「奇跡はない。しかしサプライズはある」「生き残るのではなく、勝ち残る」など、いろいろな使い方ができる。

□**省益《しょうえき》あって、国益《こくえき》なし**……前項とは逆の「○○であり、△△ではない」という形の表現。縦割り行政の日本の官庁は、自省の利益ばかりを考え、国益全体をみる視点は乏しいという意味。

□**戦士は死ぬ。だが、思想は死なない**……「○○であり、△△ではない」のパターンの変形。カストロが盟友ゲバラの死に際して贈った言葉。

□**最高の助監督は、最低の監督になることが多い**……映画界でよく言われる言葉。人に使われる助監督として優秀な人は、往々にして監督に必要な創造性を欠くという意味。

□**ほめてくる人間は敵だと思え**……よく言われる逆説的な処世訓。ほめ言葉にいい気になると、努力を怠り、ダメになってしまう。だから、ほめてくれる人間はこちらをダメにする敵と思えという意味。

◉相手の注意を引きつける対句表現

□**沈黙は金　雄弁は銀**……対句表現は言葉の組み合わせの妙で、リズムとともに、シャレのような面白みを生み出すことができる。見出しの言葉は「沈黙は雄弁に勝る」という意味のことわざ。金、銀という音の似た言葉を並べ、リズムと面白さを生み出している。

□**あこがれの街からたそがれの街へ**……前項と同様のパターン。「あこがれ」「たそがれ」という音の似た言葉を対比させている。かつて憧れの対象だった各地のニュータウンが、今は黄昏の時代を迎えていることを表している。

□**四角い顔で、丸くおさめる**……前段と後段に対義語を使い、対句をつくるパターン。「体は大きいが、気は小さい」「顔は長いが、気は短い」なども同様の形。

□**最悪の状況では最善の選択**……反対語を使って、対句をつくるパターン。「最悪の中では最良のスタートを切る」「それは最高の時代であり、最悪の時代でもあった」など。

□**素人発想、玄人実行**……これも、対義語を使うパターンだが、四字熟語のような形にして、よりキャッチーにしている。意味は「常識にとらわれない素人のように発想し、技術をもつ玄人のように実行しなさい」。

□**〇〇は高く、△△は低く**……「〇〇は高く、△△は低く」も、よく見かけるパターン。後半の△△には「腰」「身」「頭」などを入れて、「理想は高く、腰は低く」「望みは高く、身は低く」などと、腰の低さの大切さを説く語にすることが多い。

□**空気を読んでいては、空気は変わらない**……同じ言葉を繰り返して、リズムを生み出すパターン。この言葉の場合、「空気」という言葉を繰り返している。その効果のほどは、「空気を読んでいては、雰囲気は変わらない」という文と比較すると、よくわかるはず。

□**文明の前に森があり、文明の後に砂漠が残る**……これも、前項と同様のパターン。同じ言葉を繰り返して、リズムと面白さを生み出している。

□**「歴史を学ぶ」と「歴史に学ぶ」では大きく違う**……助詞を代えて対句をつくるパターン。

□**弱者は敗者に非ず、強者は勝者に非ず**……プロ野球の野村克也氏を通して知られるようになったセリフ。文語体にすることで、孫子の兵法のような雰囲気を醸し出している。

◉「お決まり表現」をあえてズラして使うテクニック

□**投低打低**……「投高打低」といえば、野球で投手陣はいいが打てないチームを表す言葉。それをずらして「投低打低」というと、投打ともダメなチームを表現できる。この「○高△低」式の表現は、「西高東低」（気圧配置）に由来し、汎用性が高い。たとえば「邦高洋低」といえば、昨今、邦画はヒットしても洋画にもうひとつ客が入らない映画業界の現状を表す言葉。

□**やる気ある者は去れ**……タモリの名言。タモリの言葉と思うと、脱力感溢れる人生哲学にも聞こえてくる。むろん、〝本歌〟は「やる気なき者は去れ」。

□**一寸先は光**……これは、漫画家のやなせたかしの座右の銘。「一寸先は闇」を一字変えることで、アンパンマンの生みの親らしい、楽天的な人生観を表す言葉になっている。

□**藁《わら》にもすがる思いでつかんでも、しょせんは藁**……「藁にもすがる思い」という慣用句を使い、無駄なあがきはしょせん無駄という意味の言葉に。

□**お客は十人十色ではなく、一人十色**……「十人十色」という言葉を変形して、接客の要諦を表す言葉に。「一人十色」という言葉には、一人のお客も、その日の気分や懐具合によって、さまざまに気分を変化させるという意味が込められている。

□**重箱の隅をつついて、重箱を壊してしまうような性格**……ときおり見かける「重箱の隅をつつく」という言葉の変形表現。このパターンでは「石橋を叩いて、壊してしまうような性格」も使われている。

□**さよならだけが人生ならば、人生なんかいりません**……これは、寺山修司の言葉。「さよならだけが人生だ」という名セリフのパロディ。さすがは、言葉の魔術師。

□**頭も筋肉も無駄なく引き締まっている**……「無駄なく引き締まった筋肉」は、よく使われる形容句だが、そこに「頭」を加えることで、その人物像をより具体的に表現している。

□**紅一点**……「紅一点」は、男性の中に女性が一人だけいる状態を表す言葉。そこを少しずらした表現にして、女性が二人だけいるという様子を表している。なお、こうした使い方をするときは、誤用ではないことを明らかにするため、〝紅二点〟のように〝〟で囲むとよい。

□**精も根もカネも尽き果てる**……「精も根も尽き果てる」を変形させた表現。「カネ」を加えることで、微苦笑を誘うユーモラスな表現になる。

◉「意外性のある表現」の作り方

□**よくいえば○○、悪くいえば△△**……悪口をユーモアまじりにいうテクニック。もちろん、眼目は「悪くいえば△△」のほうにある。「よく言えば、強烈な個性。悪くいえば、かなりの変人」など。

□**○○の反対語は△△**……このパターンは、反対語のほうに意外な言葉をもってくるのがコツ。「賛成の反対語は反対ではなく、無関心」「イデオロギーの反対語はリアリズム」のように。

□**〇〇だったが、同時に△△でもあった**……これは、意外なモノの見方を強調する表現。たとえば「冷戦は冷たい戦争だったが、長い平和でもあった」といえば、冷戦時代には熱戦が少なかったことを強調できる。

□**お嬢サバ**……駄ジャレ、オヤジギャグと馬鹿にされながらも、語呂合わせがキャッチーなネーミング法であることは間違いない。「お嬢サバ」は、むろん「お嬢様」にかけたネーミングであり、鳥取生まれの特殊方法で育てられたサバのこと。そのココロは「寄生虫（悪い虫）がついていないお嬢様のようなサバ」だそう。

□**善意がうるさい**……これも、言葉のミスマッチによって、新鮮さを生み出すパターン。「うるさい」というネガティブな形容詞によって、善意を声高に叫ぶ人たちのうさんくささを表している。

□懐かしい未来……新しいものであるはずの「未来」を「懐かしい」と形容するミスマッチな組み合わせで、読者に「おやっ」と思わせる語感を生み出している。

◉三つ並べる表現でインパクトを出す

□現場、現物、現実……ビジネスで、「現場に足を運んで、現物を手にとり、現実を目で見る」ことを重視する考え方。「三現主義」と総称され、とりわけ、ものづくり・製造業で重視されてきた考え方。机上の空論の〝反対語〟といえ、日本的経営、高度成長を支えた〝イズム〟のひとつといえる。「やっぱり、ものづくりは三現主義なんだよ」など。

□幸福の3P……英語やローマ字表記で、同じ頭文字になる言葉を3つまとめると、手軽にキャッチーな言葉をつくることができる。「幸福の3P」は、人間が満足して生きるために必要な3つの事柄で、プレジャー、パーポス、プライドを意味する。

□**スリーA**……これも、ローマ字表記で、同じ頭文字になる言葉を集めた表現。不動産業界では、一等地である赤坂、青山、麻布の総称。福祉関係では、認知症予防の方法で「明るく、頭を使って、あきらめない」の略。

□**飲む、打つ、買う**……なぜか言葉は三つ並べると、面白さとリズムが生まれる。これは、その代表パターンで、男の三道楽を表している。他に、「ホップ・ステップ・ジャンプ」など。

□**すぐやる、かならずやる、できるまでやる**……これも、言葉を３つ重ねることで、キャッチーにするパターンで、日本電産の創業者永守重信の言葉として知られる。一方、低迷企業のほうは「金なし、技術なし、活気なし」などと、その低迷ぶりを強調できる。

特集2

語彙力は語源で増やす！
〈慣用句・故事成語編〉

◉難しい言葉は、ルーツを知れば使いこなせる

□ごたくを並べる

「ごたく」を漢字で書くと？

「御託」と書き、「御託宣」を略した言葉。昔の人は、祈ると、神が人間の体に乗り移り、お告げをしてくれるものと考えていた。それが「御託宣」だが、信仰心が薄い者にとっては神の言葉も長いだけのつまらない言葉に思える。そこから、くどくどと述べたてるということを「御託を並べる」というようになった。

□こぶしを回す

「こぶし」を漢字で書けますか？

演歌の「こぶし」は、漢字では「小節」と書く。演歌は、ド・レ・ミ・ソ・ラの五音だけで構成されているので、メロディーに変化をつけるためには、小節を回して、音程に小さな変化をつけることが必要なのだ。

□にっちもさっちもいかない

「二進も三進も」と書くのは？

身動きのとれなくなる様子。この「にっち」と「さっち」は、算盤《そろばん》用語の「二進」「三進」が変化した言葉で、いくら

算盤を弾いても、資金繰りがつかない――そんな様子から、この言葉は生まれたようだ。

□おこがましい

漢字で「烏滸がましい」と書くのは？

「烏滸」は、昔の中国にあった地名。「猿《さる》楽《がく》」で有名な土地だったが、烏滸の猿楽は、他の地方よりも描写がくどくて、受けがよくなかったという。そこから、「烏滸がましい」という言葉が生まれ、現在のような意味を持つようになったという説がある。

□げんをかつぐ

「げん」って何のこと？

芸能界などでは、言葉をひっくりかえして隠語化することがあるが、この「げんをかつぐ」の「げん」も、そうした逆さ言葉のひとつ。「縁起」をひっくりかえして「ギエン」。それが詰まって「ゲン」となった。

□けれん味がない

けれん味って、どんな味？

歌舞伎では、本道からはずれた芝居を「外《け》連《れん》」と呼び、早替わりや宙乗りなどの芸は「外連」とされて、かつては一段下の芝居とみられていた。そこから、正攻法ではないことを「外連」というようになり、逆に「外連味がない」は正統的であることを意味するようになった。

□しょざいない

漢字で書けますか?

何もすることがなく、退屈なさま。漢字では「所在ない」と書き、居所がないという意味。居所がなければ、時間を有意義に使うことはできない。そこから、手持ち無沙汰で退屈という意味になった。

□辟易《へきえき》する

なぜこれで「うんざりする」という意味になった?

「辟」には「避ける」、「易」には「変える」という意味があり、「辟易」の原義は、相手を避けて道を変えること。そこから、相手の勢いなどに対して、対応の仕様がなく、うんざりするという意味になった。

□二の句が継げない

「二の句」ってどんな句のこと?

漢詩や和歌の朗詠では、初めの区切りまでを「一の句」、次の区切りまでを「二の句」と呼ぶ。朗詠する際、一の句から二の句に移るときに音が高くなり、二の句がうまく詠めなくなることがあった。そこから、「二の句が継げない」という言葉が生まれ、驚き呆れて次の言葉が出てこないことを意味するようになった。

□気色《けしき》ばむ

「ばむ」って、どういう意味？

「〜ばむ」は「汗ばむ」「黄ばむ」などと使うように、名詞についてその状態が現れるという動詞をつくる言葉。「気色ばむ」の「気色」は機嫌という意味なので、「ばむ」がつくと、怒った様子が表情や態度に現れるという意味になる。

◉語源が気になる日本語の話

□いぎたない

「いじきたない」とはどう違うのか？

「いじきたない」（意地汚い）は、みっともない食べ方を形容する言葉。一方、「いぎたない」は「寝穢い」と書き、もともとは眠りこけて、なかなか目を覚まさないという意味。そこから、寝姿がだらしないとか、寝相が悪いという意味でも使われるようになった。

□あられもない

「あられ」って何のこと?

「あられもない」は、文法的には「ある＋れる＋ない」で、動詞の「ある」に、可能の助動詞の「れる」がついた形。「あられ」に、否定の「ない」がついた形。もとの意味は「あるべきではない」ということで、おもに女性の下品で露骨な姿の形容に使われるようになった。

□のっぴきならない

「のっぴき」って何のこと?

漢字で書くと「退引ならない」で、退くことも引くこともできないという意味。そこから、「避けられない」という意味になり、「のっぴきならない用事がありまして」など、断りや弁解用のフレーズでよく使われている。

□きな臭い

語源的には、どんな臭い?

この「きな」は衣のことで、そこから、布や木材などが燃えて、火事が起こりそうなときの臭いを「きな臭い」というようになった。今は、戦争など物騒なことが起きそうな気配を表す言葉として使われている。

□渋皮《しぶかわ》がむける

「一皮むける」とどう違う？

この「渋皮」は栗の皮のこと。栗は、渋皮をむくと、つるつるとした実が現れることから、「垢抜ける」という意味が生じた。なお、この言葉を性格や人格がより大人っぽくなるという言葉に使うのは誤用。そちらは「一皮むける」。

□牛耳《ぎゅうじ》る

「牛」の「耳」でどうして「牛耳る」？

中国の春秋戦国時代、各国は同盟を結ぶ際に、その証として牛の耳を割き、血をすすり合った。そして、同盟の中心となる人物が、牛の耳を執《と》り、盟主となった。そこから「牛耳を執る」（盟主になるという意）という言葉が生まれ、日本に渡った後、大正時代の学生たちが、その成句を短縮して「牛耳る」という言葉を生みだした。

□物憂《ものう》い

この「物」は、どんなもの？

この「物」に物体という意味はない。「物寂しい」「物悲しい」など、「物」は形容詞に接頭語としてつくと、「なんとなく」という意味をつくる。「物憂い」も、そのひとつ。

□粛々《しゅくしゅく》と進める

政治家の使い方は、正しい？　誤用？

「粛々」の本来の意味は、静かで厳かな様子。ところが、政界では、意識的な誤用なのか、「予定どおりに進める」という意味で使われてきた。ところが、沖縄県知事から「上から目線」と批判され、官房長官らが「もう使わない」と発言。使用（誤用）頻度は減っている。

□度《ど》し難《がた》い

「救い難《がた》い」という意味になるのは？

「済度《さいど》し難い」が変化した言葉で、「済度」は人を苦海から救い出すという意味。「済度し難い」が縮まって、救い難いことを意味する「度し難い」という言葉が生まれた。

□つつがない

「ツツガムシ」との関係は？

この言葉は、ダニの一種の幼生、「ツツガムシ」に由来する。「ツツガムシ」にさされると高熱を発し、死に至ることもある。むろん、そんな虫がいなければ、無事に暮らしていけるので、平穏無事な状態を「ツツガムシがいない」→「つつがない」というようになった。

◉語源からおさえておきたい慣用句1

□眦《まなじり》を決《けっ》す

どんな目つきのこと？

「眦」は目じり、「決す」は「裂く」という意味。「眦を決す」は、激しい怒りや並々ならぬ決意によって、「目じりが裂けるほどに、大きく目を見開く様子」を意味する。

□鬼籍《きせき》に入《い》る

どんな〝籍〟？

人が亡くなること。この「鬼」は霊魂のことで、「鬼籍」は死者の戸籍という意味。亡くなると、あの世の戸籍に入るという意味で、「鬼籍に入る」というようになった。なお、「鬼籍」は、仏教や民間信仰では、閻魔大王が持つとされ、死者の名や年齢が記載され、さらには生きている者の寿命も書かれているとされる。

□嚆矢《こうし》とする

どんな矢のこと？

昔の中国の合戦では、開戦の合図として「嚆矢」が飛ばされた。「嚆矢」は、飛ばすとブーンという音が鳴り、その音を合図に戦いが始まったのだ。そこから「嚆矢」

は物事の始め、起源という意味になった。

□干戈《かんか》を交《まじ》える

「干戈」って何のこと？

「干」は「たて」、「戈」は武器のほこ。「干戈を交える」は、たてとほこがぶつかりあうことであり、そこから戦う、戦争をするという意味になった。

□荼毘《だび》に付《ふ》す

「だび」とは何語？

「荼毘」は火葬のことで、パーリ語（タイなどで、仏典に使われた言葉）の「ジャーピタ」を音訳した言葉。なお「荼」は、「茶」とは違う漢字なので注意。

□秋波《しゅうは》を送《おく》る

秋の波で「色目」という意味になるのは？

「秋波」のもとの意味は、秋の川面に立つさざ波のこと。それが転じて、やがて、すずしい目元を表すようになり、「秋波を送る」で、女性が色目を使うという意味になった。

□おひれをつける

「御鰭」と書くと、間違いになる理由は？

事実でないことを付け加え、話を誇張すること。この「おひれ」は「尾鰭」と書き、魚の尾と鰭のこと。それらは、魚の体幹のいわば付属物といえ、そこから話の本体に余計なことを付け加えるという意味になった。

□発破《はっぱ》をかける

「発破」って何のこと？

激しい言葉をかけて、気合いを入れること。「発破」は、もとは鉱山などで爆薬を使い、岩石を爆破すること。その激しさから、気合いを入れることを意味するようになった。

□水を向ける

「誘導する」の意味になるのは？

相手の話をそれとなく誘導すること。この「水」は、呪術で使う水に由来する。巫女が神を呼び寄せ、自分の口を通じて語ってもらう「口寄せ」という呪術がある。それを行う際、巫女は水の上にシキミの葉を浮かべ、神へ差し向ける。そこから、「相手に話をさせるよう持ちかける」ことを「水を向ける」というようになった。

◉語源からおさえておきたい慣用句 2

□膝《ひざ》を打つ

打つのは股だが？

何かを思いついたときに「膝を打つ」というが、本当に打つのは股のあたりだ。そもそも、日本語では、膝と股の区分があいまいで、「膝掛け」（かけるのは股）、「荷物を膝の上にのせる」（のせるのは股の上）などと使われてきた。これは「膝」が場合によって脚全体を意味することと関係しているという見方もある。たとえば、『東海道中膝栗毛』の「膝栗毛」は〝膝で旅する〟という意味で、この場合の「膝」は脚全体を表している。

□端倪《たんげい》すべからず

「端倪」って何？

「端」は始まりで、「倪」は果て。初めと終わりがわからないことから、「はかり知ることができない」という意味になった。

□人口《じんこう》に膾炙《かいしゃ》する

この「人口」は人の数のことではない

「膾」はナマス、「炙」はあぶった肉のこと。そこから、「人口に膾炙する」で、広く親しまれ、もてはやされることを意味する。この「人口」は、人間の数のことではなく、ものを食べる「人の口」のこと。

□**内冑《うちかぶと》を見透《みす》かす**

どうすること？

「兜」は頭を守る防具であり、「内兜」はその兜の内側のこと。昔は、戦いで、兜からわずかにのぞく生身の頭を矢で狙い撃ちにすることを「内兜を射る」といった。そこから転じて、「内兜を見透かす」で「隠された事情を見抜いて、弱味につけこむ」という意味になった。

□**鎬《しのぎ》をけずる**

「鎬」って何？

「鎬」は、刀の刃と峰のあいだの盛り上がっている部分。そこが削れるほどに、激しく斬り合うことから、激しく争うことを意味する（p199参照）。

□**烏有《うゆう》に帰《き》す**

カラスとは関係あるのか、ないのか？

この「烏」はカラスという意味ではない。「烏有」は「烏《いずくん》ぞ有《あ》らんや」という意味で、まったくないこと、何もかもなくなってしまうこと。「財産が烏有に帰す」

などと使う。

□驥尾《きび》に付《ふ》す

「驥尾」って何?

「驥尾」は駿馬の尾のことで、後に続く者が駿馬の尾に捕まるかのように、すぐれたリーダーに従うという意味。

□埒《らち》もない

「埒」って何のこと?

「埒」は「柈」のことで、「常識の埒外《らちがい》」といえば、常識の枠の外にあるという意味。ただし、他の語源説もあって、年功序列、正しい筋道を意味する「臈次《ろうじ》」が「らっし」→「らち」に変化したという説もある。

◉語源からおさえておきたい故事成語①

□当《あ》たらずといえども遠《とお》からず

意外に歴史のある言葉?

俗っぽい印象がある言葉だが、じつは中国の儒書『大学』にある「心誠に之を求むれば中《あた》らずと雖《いえど》も遠からず」という言葉に由来する。「真心で行えば、完全に成就できないまでも、ほぼ達成できる」という意味で、もとは真心の大切さを語った言葉。

□一将功成《いっしょうこうな》りて万骨枯《ばんこつか》る

どの〝戦争〟の話？

唐の末期は、政治が乱れて、戦乱が続発した。この言葉は、その時期、曹松が詠んだ漢詩に由来する。一人の将軍が名をあげる陰には、多数の無名の兵士の犠牲があるという意味。

□水魚《すいぎょ》の交《まじ》わり

「水」は誰で、「魚」は誰？

親密な間柄のたとえ。蜀の劉備が三顧の礼をもって諸葛孔明を迎えたのち、旧臣らが二人の親密すぎる交際ぶりに不平を唱えた。すると、劉備は「自分に孔明があるのは、魚に水があるようなもの。不平を口にしないでくれ」と言ったという。だから、水は諸葛孔明で、魚は劉備ということになる。

□大山鳴動《たいざんめいどう》して鼠一匹《ねずみいっぴき》

〝中国風〟だが、もとは西洋のことわざ⁉

古代ローマの詩人ホラーティウスの「山々が産気づき、滑稽なハツカネズミが生まれる」という言葉に由来するという説が有力。日本には、16世紀に伝来したイソップ寓話から、取り入れられたとみられる。大山を「泰山」と書くこともあるが、中国の泰山を指しているわけではない。

□血で血を洗う

こんな怖いことは言ったのは誰？

残虐な行為に対し、残虐な行為で報復すること。『唐書』にある言葉で、唐の徳宗がウイグルに使者に送ったとき、ウイグル王は「唐はわが国の者を殺し、国の者は唐の使者を殺せというが、私は殺さない。使者を殺せば、血で血を洗うようなもので、ますます汚れてしまう」と語ったという故事に由来する言葉。

□他山《たざん》の石《いし》

「人の成功を参考にする」という意味ではない

人の〝失敗〟を教訓として、自分に役立てること。粗悪な石でも玉を磨く砥石《といし》としてなら使えることから、「他人の過ちも、自分を磨く参考になる」というたとえに用いる言葉。人の成功を参考にするときは「範《はん》にする」を使えばいい。「先輩の働きぶりを範といたします」など。

□首鼠両端《しゅそりょうたん》

いい意味？　悪い意味？

「首鼠両端」は、鼠が穴から顔を出して、左右（両端）をうかがう様子を意味する言葉。そうした鼠は、どちらの方向が安全かがわからないので、なかなか穴から出られない。そこから、「態度を決めかねる」「どっちつかずの態度を取る」という意味になった。

□天知《てんし》る、地知《ちし》る、我知《われし》る、子知《しし》る

いったい何を知ったのか？

悪事は、二人だけの秘密にしようとしても、必ず露見するという意味。後漢の楊震が太守となったとき、ある町長が「誰も気づきませんよ」と言ってワイロを差し出したが、楊震は「天知る、地知る、我知る、子知る。何をか知るなしといわんや」と言って断ったという故事に由来する。「子知る」は「あなたも知っている」という意味。

□百年河清《ひゃくねんかせい》を俟《ま》つ

この河は、どこの河？

いくら待っても実現しないことのたとえ。『春秋左氏伝』に、「河（黄河）の水が澄むのを待っても、人の寿命は短く、待ちきれない」とあるのに由来する言葉。黄河は、黄土高原からたえず土砂が流れこんで、その名のとおり、たえず黄色く濁っている河。

□累卵《るいらん》の危《あや》うき

そんなに危なかったのは?

累には「かさねる」という訓読みがあり、「累卵」は卵を積み重ねるほど、きわめて危険な状態にあることのたとえ。『史記』には、「秦の国は、累卵よりも危うし。臣を得ば則ち安し」(現在の秦の状態は、卵を累ねたように危うい。私を臣として採用すれば、安定させられる)と自分を秦王に売り込む者の話が出てくる。それに由来する言葉。

□掣肘《せいちゅう》を加《くわ》える

肘をどのように使うこと?

『呂氏春秋』の故事に由来。孔子の弟子が魯の哀公をいさめるために、哀公派遣の役人の肘を引っ張り、報告書を書く字を乱れさせた。その逸話から、人に干渉し、自由な行動を妨げることを「掣肘を加える」というようになった。

□顰《ひそ》みに倣《なら》う

「ひそみ」って何のこと?

出典は『荘子』。「顰み」は顔をゆがめることで、あるとき、美人で有名な西施が、胸が痛むので、顔をゆがめて歩いていた。それを見た村一番の醜女が、西施を真似て歩いたところ、村人たちは驚き、逃げ散ったという。そこから、「顰みに倣う」は「下手に真似をして、失敗すること」を意味するようになった。

◉語源からおさえておきたい故事成語2

□騎虎《きこ》の勢《いきお》い

単に「勢いがよい」という意味ではない

走っている虎にまたがると、途中で降りたくても、降りると虎に食われてしまう。そこから、単に勢いに乗っているという意味ではなく、本来は「勢いに乗っているときは、止めるに止められない」という意味。「騎虎の勢いだ。こうなれば、行くところまで行くしかない」などと、半ば嘆息を込めて使う言葉。

□塗炭《とたん》の苦《くる》しみ

この「塗」には、どんな意味がある？

「塗」は泥水、「墨」は炭火のことで、泥水を浴びせかけられたり、炭火で焼かれるような、苦しみのこと。出典は『書経』で、夏の傑王の行状について書かれた「有夏昏徳にして民塗炭に墜つ」という言葉に由来する。傑王の時代、人々は泥にまみれ、炭火で焼かれるほどの苦しみを味わったという意味。

□断腸《だんちょう》の思《おも》い

最初に"断腸の思い"をしたのは？

「断腸の思い」は、たいへんにつらい思いのことで、中国の逸話集『世説新語』の話に由来する。東晋の桓温という武将が三峡を船で渡ろうとしたとき、従者が猿の子を捕まえ、船に乗せた。すると、母猿が子猿を取り返そうと、船の後を追いかけてきた。母猿は百里ほど走って追いつき、船に飛び移ってきたが、そこで息絶えた。その母猿の腹を割いたところ、腸がズタズタに断ち切れていたという。そこから、腸がちぎれるほどにつらいことを「断腸」というようになった。

◉語源からおさえておきたい日本のことわざ

□蟹《かに》は甲羅《こうら》に似《に》せて穴《あな》を掘《ほ》る

この蟹のモデルは？

蟹は、自らの甲羅の大きさに合わせて穴を掘る。そこから、人はそれぞれのスケールに応じた振る舞いや発想をすることのたとえ。この言葉に登場する蟹は、タラバガニのような大きなカニではない。シオマネキのような、砂浜に穴を掘る小さな蟹がモデル。

□魚《さかな》は殿様《とのさま》に焼《や》かせよ

なぜ「殿様」が出てくる？

魚は、中火で時間をかけて焼くと、中まで火が通り、おいしく焼きあがる。一方、何度も裏返すなど、気ぜわしくいじると、身がくずれてしまう。だから、魚を焼くときは、「殿様のように鷹揚に構えて焼きなさい」という意味。

□芸《げい》は身《み》を助《たす》ける

この「芸」はどんな芸？

この「芸」は、武芸や学芸などの技術や知識のことではなく、道楽で習い覚えた遊芸のこと。「芸は身を助ける」は、道楽で身代をつぶしても、遊芸を身につけていれば、それが役に立つことがあるという意味。ほめ言葉には使えない。

□物言《ものい》えば唇《くちびる》寒《さむ》し秋《あき》の風《かぜ》

「何もいうな」という意味ではない⁉

もとは、松尾芭蕉の俳句。芭蕉は「人の短をいうことなかれ、おのれが長をとくことなかれ」を座右の銘とし、その言葉に添えられていた句。だから、「何もいうな」という意味ではなく、「人の悪口をいうな」あるいは「よけいなことを口にするな」という意味に理解するのが正しい。

※本書は『大人の語彙力が面白いほど身につく本』（小社刊／２０１７年）、『大人の語彙力が面白いほど身につく本　ＬＥＶＥＬ２』（小社刊／２０１７年）、『大人の語彙力を面白いように使いこなす本』（小社刊／２０１８年）を改題・再編集したものです。

編者紹介

話題の達人倶楽部

カジュアルな話題から高尚なジャンルまで、あらゆる分野の情報を網羅し、常に話題の中心を追いかける柔軟思考型プロ集団。彼らの提供する話題のクオリティの高さは、業界内外で注目のマトである。本書では、「大人の語彙力」をテーマに、ストックしておきたいワンランク上の言葉を、実践的な使い方とともに紹介した。日本語を「話す」「読む」「書く」ときに避けて通れない“ポイント”が満載。どこから読んでも使える情報が見つかる決定版！

できる大人《おとな》はやっぱり！語彙力《ごいりょく》［決定版《けっていばん》］

2019年 1 月 1 日　第 1 刷
2019年 3 月 25 日　第 2 刷

編　　者　話題《わだい》の達人倶楽部《たつじんくらぶ》

発 行 者　小 澤 源 太 郎

責任編集　株式会社プライム涌光
電話　編集部　03(3203)2850

発 行 所　株式会社青春出版社
東京都新宿区若松町12番1号〒162-0056
振替番号　00190-7-98602
電話　営業部　03(3207)1916

印刷・大日本印刷　製本・ナショナル製本

万一、落丁、乱丁がありました節は、お取りかえします

ISBN978-4-413-11275-8 C0030

©Wadai no tatsujin club 2019 Printed in Japan

本書の内容の一部あるいは全部を無断で複写(コピー)することは著作権法上認められている場合を除き、禁じられています。

90万部突破! 信頼のベストセラー!!

できる大人の
モノの言い方
大全《たいぜん》

話題の達人倶楽部［編］

ほめる、もてなす、
断る、謝る、反論する…
覚えておけば一生使える
秘密のフレーズ事典

**なるほど、
ちょっとした違いで
印象がこうも
変わるのか!**

ISBN978-4-413-11074-7
本体1000円+税